습관의 재발견

기적 같은 변화를 불러오는 작은 습관의 힘

습관의
재발견

스티븐 기즈 지음 | **구세희** 옮김

옮긴이 **구세희**

한양대학교 관광학과와 호주의 호텔경영대학교(ICHM)를 졸업하고 국내외 호텔과 외국계 기업에서 근무하며 운영 관리 및 인사 업무를 담당했다. 번역에 매력을 느껴 과감히 하던 일을 그만둔 후 현재는 번역 전문 그룹인 바른번역 소속 번역가로 여러 가지 분야의 글을 공부하며 영어를 훌륭한 우리글로 옮기는 데 매진하고 있다. 옮긴 책으로는《아이만 낳으면 엄마가 되는 줄 알았다》,《원씽》,《위대함의 법칙》,《시빌라이제이션》등이 있다.

습관의 재발견

1판　1쇄 발행　2014년 11월 25일
1판　55쇄 발행　2024년　4월 18일

지은이 | 스티븐 기즈
옮긴이 | 구세희
발행인 | 홍영태
편집인 | 김미란
발행처 | (주)비즈니스북스
등　록 | 제2000-000225호(2000년 2월 28일)
주　소 | 03991 서울시 마포구 월드컵북로6길 3 이노베이스빌딩 7층
전　화 | (02)338-9449
팩　스 | (02)338-6543
대표메일 | bb@businessbooks.co.kr
홈페이지 | http://www.businessbooks.co.kr
블로그 | http://blog.naver.com/biz_books
페이스북 | thebizbooks
ISBN 978-89-97575-33-6　13190

MINI HABITS

작은 습관,
절대로 실패하지 않는 최고의 전략

지금으로부터 10년 전, 나는 자기계발이라는 목표 아래 여러 가지 다양한 실험에 몰두했다. 많은 이들이 그러하듯 나 역시 계속된 실패를 맛봤고 '나는 왜 성공적으로 변화하지 못할까?'라는 생각에 회의와 좌절감으로 우울한 시간을 보내기도 했다. 그러다 우연히 새해를 앞둔 어느 날, 팔굽혀펴기 한 번이라는 작은 도전을 통해 새로운 변화 전략을 발견하게 되었다.

그리고 여기서 생겨난 변화가 작심삼일에 그치지 않고 죽 이어지자 그동안 의지해 왔던 기존의 변화 전략들이 모두 실패작이었다는 사실을 깨달았다. 어떤 방법으로 한번 효과를 보고 나면, 효과가 없었던 다른 방법에 어떤 문제점이 있었는지 알 수 있다. 내 경우도 그랬다. 내가 시도했던 작은 행동에 숨어 있는 과학적 원리는 수많은 변화 전략들의 결과가 왜 늘 들쭉날쭉하게 나타나는지 알려 주었다. 동시에 이 사소한 행위가 어떻게 그토록 놀랍고도 일관된 결과를 만들어 내는지도 깨닫게 해주었다.

그렇게 내가 '작은 습관 프로젝트'라고 이름 붙인 나만의 변화 전략이 탄생했다. 이 작은 습관 전략은 아주 사소한 행위를 억지로라도 매일 하려고 노력하는 것을 기본으로 한다. 이것은 '너무 사소한 일이라 실패하기조차 힘들다'는 특성 덕분에 부담이 없으면서도 믿기 힘들 정도로 강한 힘을 발휘한다. 그리고 어떤 긍정적인 행동을 습관으로 정착시켜 주는 매우 우수한 전략이다.

이 전략을 사용하면 전세계 사람들의 99퍼센트는 갖지 못한 아주 강력한 장비를 갖추고 자신의 인생을 바꿔 나갈 수 있다. 우리 주변에는 긍정적인 변화를 불러오고 그 변화를 오래 지속시키지 못하는 게 자신의 잘못이라고 생각하는 이들이 너무나도 많다. 하지만 천만의 말씀이다. 문제는 우리 자신이 아니라 우리가 쓰는 전략이다. '동기부여'나 '대단한 결심', 혹은 '무조건 시작하라' 같은 전략들을 적용하려 할 때마다 우리는 늘 실천하지 못할 것에 대한 죄책감, 두려움을 느끼고 또 다시 반복되는 실패를 겪곤 한다. 하지만 작은 습관 전략을 적용하면 이런 실패를 겪지 않고 누구나 훌륭한 일들을 이뤄 낼 수 있다.

변화를 만들고 이를 지속시키고 싶다면 먼저 자신의 뇌(우리의 행동 양식을 만들어 내는 뇌의 작동 원리)를 거슬러서는 안 된다. 이 책에서 말하는 작은 습관의 전략대로 뇌가 정해 놓은 규칙을 따라가다 보면 당신의 삶에 긍정적인 변화를 일으키는 것도 그리 어려운 일이 아닐 것이다.

이 책은 크게 일곱 장으로 나뉜다.

이 책의 최종 목표는 각자에게 필요한 건전하고 발전적인 행동 양식 (즉, 우리가 습관이라고 부르는 것들)이 당신의 삶에 영구적으로 정착하도록 돕는 것이다. 그러기 위해 처음 제1장~제3장에서는 습관 들이는 법, 습관을 형성하는 데 두뇌에 대한 이해가 필요한 이유, 의지력과 동기부여 중 어떤 전략이 더 효과적인지 등에 대해 논하고 이것들이 서로 어떻게 연관되어 있는지 살펴볼 것이다. 그다음 제4장~제5장에서는 이런 정보를 최대한 활용하는 방법에 대해 논리적이고도 과학적인 주장을 함께 살펴본다. 마지막 제6장~제7장에서는 이것을 어떻게 내 삶에 맞게 적용하면 되는지 각 단계별 지침에 대해 구체적으로 알아볼 것이다.

제1장 – 작은 행동, 큰 결과

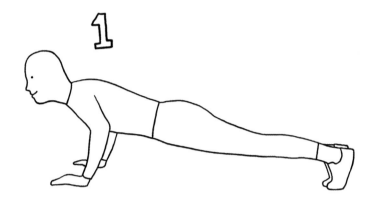

여기서는 먼저 '작은 습관'이 무엇인지에 대해 설명한다. 내가 어떻게 단 한 번의 팔굽혀펴기를 제대로 된 규칙적 운동으로 발전시켰는지(이후 내 모든 습관은 이 팔굽혀펴기 한 번에서 시작되었다) 그 과정을 이야기할 것이다. 또한 습관을 적극적으로 개발하는 것이 왜 그렇게 중요한지에 대해서도 알아본다.

◆ **이 장에서 확인할 것** 작은 습관이란 무엇인가? 습관은 왜 중요한가? 나는 어떻게 작은 습관을 발견했는가?

제2장 – 습관은 어떻게 우리의 삶을 지배하는가

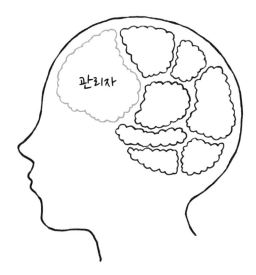

제2장에서는 우리의 머릿속, 즉 두뇌의 작용을 살펴본다. 뇌가 어떻게 작용하는지 알게 되면 새로운 습관을 들이는 데 더 나은 전략을 개발하고 사용할 수 있다. 여기서는 뇌의 능동적(의식), 수동적(잠재의식) 부분에 대해 알아보고, 이 두 부분이 어떻게 협력해서 우리의 행동 양식을 만들어 내는지 살펴볼 것이다.

◆ **이 장에서 확인할 것** 행동 양식의 변화에 영향을 미치고 새로운 습관을 만들어 내는 뇌의 메커니즘은 무엇인가?

제3장 – 의지력, 습관을 완성하는 가장 확실한 방법

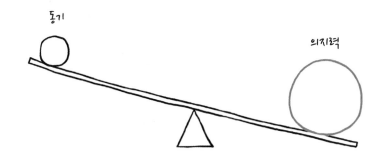

우리가 어떤 행동을 하고자 할 때 사용할 수 있는 전략이 두 가지 있다. 하나는 그 행동을 하고 싶은 마음이 들도록 스스로에게 동기를 부여하는 것이고, 다른 하나는 의지력을 이용해 억지로라도 하는 것이다. 둘 중 어느 방법이 더 나을까? 당신은 이 두 가지를 다 사용하는가? 연구에 따르면 둘 중 어떤 하나가 다른 것보다 더 낫다고 한다. 그리고 그 전략을 우리의 행동에 적용하는 가장 좋은 방법도 존재한다.

◆ **이 장에서 확인할 것** 작은 습관 전략에서 동기를 무시해야 하는 이유는 무엇인가?

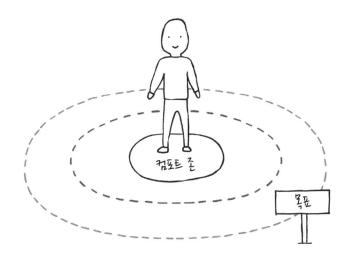

앞의 세 장은 매일 할 수 있는 이 작은 행동의 기반을 다지는 과정이다. 이 장부터 제5장까지는 작은 습관이 어떤 이유 때문에, 그리고 어떻게 효과를 발휘할 수밖에 없는지 설명할 것이다. 작은 습관은 제대로 된 마음가짐이 갖춰져 있을 때 가장 효과적이다. 따라서 이 장에서는 바로 그런 마음가짐을 가질 수 있도록 도와줄 것이다.

◆ **이 장에서 확인할 것** 작은 습관 전략과 지금까지 우리가 알고 있던 습관 전략에는 어떤 차이가 있는가?

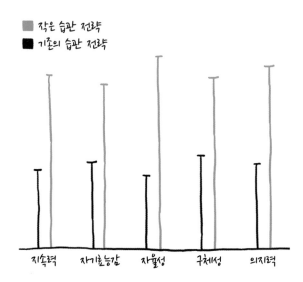

■ 작은 습관 전략
■ 기존의 습관 전략

지속력　자기효능감　자율성　구체성　의지력

여기서는 작은 습관만이 갖고 있는 강점에 대해 구체적으로 살펴본다. 작은 습관은 말 그대로 사소한 행동이기 때문에 동기나 의지력을 거의 필요로 하지 않고 목표한 바를 반드시 달성하도록 해준다. 그 외에도 지속력, 자기효능감, 자율성 등 작은 습관만이 지닌 경쟁력은 구체적인 실행으로 들어가기에 앞서 이 전략에 대한 확신을 갖게 해줄 것이다.

◆ **이 장에서 확인할 것** 작은 습관을 효과적으로 만들어 주는 요소는 무엇인가?

제6장 – 큰 변화로 가는 여덟 단계

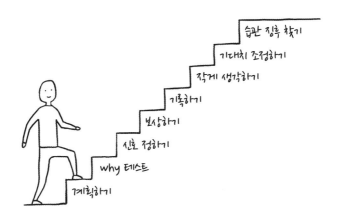

이 여덟 단계는 당신이 원하는 습관을 선택하고 앞으로의 여정을 계획하는 방법을 보여 주며, 당신이 그 여정의 첫발을 내디딜 수 있도록 도와줄 것이다. 각 단계에서 쓸 수 있는 다양한 전략들을 알려 주며, 가장 효과적으로 전략을 실행에 옮기는 방법을 소개한다.

◆ **이 장에서 확인할 것** 작은 습관을 삶에 적용하는 방법은 무엇인가? '새로운 습관을 들이고 싶다' 에서 성공으로 가는 길에는 어떤 과정이 필요한가?

제7장 – 작은 습관을 위한 체크리스트

마지막 장에서는 작은 습관 전략을 지속하기 위한 여덟 가지 체크리스트를 준비했다. 이 체크리스트는 당신이 다른 길로 벗어나지 않도록 해주는 것은 물론, 당신의 잠재력과 결과를 최대치로 높여 줄 것이다.

◆ **이 장에서 확인할 것** 작은 습관 체크리스트는 어떻게 습관을 무너뜨리는 실수를 피하는 동시에 훌륭한 결과를 낼 수 있도록 도와주는가?

작은 습관이 어떻게 큰 결과로 이어지는지 알아볼 준비가 되었는가? 그러기를 진심으로 바란다. 당신에게 얼른 이 이야기를 들려주고 싶어 입이 근질거리기 때문이다. 자, 그럼 시작해 보자.

차례

6   프롤로그_ 작은 습관, 절대로 실패하지 않는 최고의 전략

9   이 책의 구성

제1장 작은 행동, 큰 결과

31   모든 변화는 '팔굽혀펴기 한 번'에서 시작되었다

39   나쁜 습관을 끊는 것보다 좋은 습관을 기르는 게 더 쉽다

41   작은 습관이 만들어 내는 변화: 사소한 행동, 위대한 결과

45   당신의 삶을 바꾸는 습관의 과학

48   당신도 모르는 습관의 세 가지 비밀

제2장

습관은 어떻게
우리의 삶을 지배하는가

62 우리의 뇌는 느리고 게으르도록 진화했다

64 힘세고 멍청한 로봇과 영리하지만 피곤한 관리자

67 생각하는 사람: 행동을 결정하는 머릿속 감독관

71 프로그래밍된 뇌: 좋은 습관을 '자동화'하는 방법

제3장

의지력, 습관을 완성하는
가장 확실한 방법

79 '동기 만능주의 신화'의 수많은 문제들

90 의지력이 동기를 능가할 수 있는 이유

93 의지력에도 관리가 필요하다

제4장

당신의 한계를 넓혀 주는
작은 습관의 힘

101 작은 습관을 위협하는 다섯 가지 요인

111 작은 습관은 당신의 '컴포트 존'을 넓힌다

115 거부감의 장벽에 부딪히는 두 번의 순간들

121 거부감의 장벽을 넘어서는 작은 도약

제5장 **작은 습관만의**
작지만 위대한 차이

131 당신은 포기하지 않는 사람이 된다

134 스스로를 믿게 된다

138 자율성을 부여한다

141 추상적이든, 구체적이든 반드시 목표를 이루게 된다

144 두려움과 회의, 망설임을 없앤다

145 목적의식을 갖고 살게 한다

제6장 **큰 변화로 가는**
여덟 단계

151 제1단계: 작은 습관과 작은 계획을 선택하라

165 제2단계: '왜?'라고 물어 핵심을 파고들어라

168 제3단계: 습관 신호를 정하라

182 제4단계: 보상 계획을 세워라

192 제5단계: 모든 걸 적어 놓아라

199 제6단계: 작게 생각하라

205 제7단계: 높은 기대를 버려라

208 제8단계: 징후를 찾아라. 단, 섣부른 판단은 금물이다

제7장 작은 습관을 위한
체크리스트

215 체크리스트 1: 부정행위는 금물이다

217 체크리스트 2: 어떤 진척이든 만족하라

219 체크리스트 3: 자주 보상을 내려라

221 체크리스트 4: 분별력을 유지하라

222 체크리스트 5: 강한 거부감이 들면 한 발 후퇴하라

225 체크리스트 6: 얼마나 쉬운 일인지 스스로에게 상기시켜라

230 체크리스트 7: 너무 작아 효과가 없는 목표는 없다

231 체크리스트 8: 큰 목표가 아닌 초과 달성에 에너지를 쏟아라

232 에필로그_ 당신의 인생을 '작은 습관'으로 채워라!

236 주

제1장

작은 행동,
큰 결과

"천 리 길도 한 걸음부터."

-노자

이제 당신의 첫 번째 '작은 습관'을 시작해 보자. 이 책을 다 읽을 때까지 하루에 최소한 두 쪽씩 읽어라. 그보다 많이 읽는 것은 괜찮지만 그보다 적어서는 안 된다. 책 두 쪽을 읽는 데는 시간이나 노력이 많이 필요하지 않으니 변명의 여지도 없다. 그렇게 매일 두 쪽씩 읽으면서 내가 말하는 '작은 습관'에 대해 알아 나가다 보면 이런 습관을 갖는다는 게 어떤 의미인지 경험할 수 있을 것이다.

두 쪽씩 읽을 준비가 되었는가? 그러면 이제 내가 지시하는 대로 한 가지 행동을 해보자. 책을 읽으면서 손으로 자신의 코를 만져 보자. 농담이 아니다. 그 이유는 나중에 설명할 것이다. 코를 만져 보았는가? 잘했다. 그러면 이제는 다음 두 가지 사실들에 대해 생각해 보자.

1. 제아무리 거창한 계획이라도 결과가 따라오지 않으면 아무 소용이 없다. 앞으로 매일 하루에 두 시간씩 운동을 하겠다고 당당히 선언하더라도 실천하지 않으면 계획은 아무 의미가 없다.

오히려 행동이 뒷받침되지 않는 계획은 자신감만 떨어뜨릴 뿐이다.

2. 여러 연구에서 많은 이들이 자신의 자기 통제 능력을 만성적으로 과대평가하는 것으로 나타났다.[1]

이 간단한 두 가지 사실은 왜 그토록 많은 사람들이 변화를 이루지 못하고 어쩔 줄 몰라 하는지 알려 준다. 욕심은 크고, 변화하기 위해 필요한 일을 실행하는 능력은 형편없으면서, 스스로 그럴 수 있다고 자신의 능력을 과대평가하는 것이다. 욕구와 능력 사이의 전형적인 불일치다. 생각해 봐야 할 사실이 두 가지 더 있다.

1. 아무리 사소한 일이라도 실행에 옮기는 것은 아무 일도 하지 않는 것보다 훨씬, 아주 훨씬 낫다(이건 수학적으로나 현실적으로도 맞는 말이다).

2. 작은 일을 매일매일 실행하는 것은 하루에 많은 일을 하는 것보다 더 큰 영향력을 발휘한다. 얼마나 큰 영향력일까? 상상할 수 없을 정도로 어마어마하게 크다. 매일 실천하는 작은 일은 평생 동안 지속되는 기본적인 습관으로 자라날 수 있다. 앞으로 알게 되겠지만 이것이야말로 정말 대단한 일이다.

어떤가? 위 문장들을 읽고 고개를 주억거렸는가? 이 문장들의 핵심 결론은 작은 의도가 큰 의도보다 낫다는 것이다. 흥미롭지 않은가? 하지만 이것은 시작에 불과하다.

앞으로 나아가지 못하고 그 자리에 발이 묶여 버린 것 같은 기분을 느껴 본 적이 있는가? 스스로 더 나은 사람이 되기 위해 변화를 꾀했다가 실패한 적이 있는가? 실패하면 다시 도전하고, 또 실패하면 다시 도전하고, 그렇게 실패와 도전을 연거푸 반복하다가 결국 시도하는 것조차 단념한 적이 있는가? 이제는 그런 시도조차 오래전에 포기한 상태인가?

우리 모두 그런 경험이 있을 것이다. 그러면 이제 조금 더 흥미로운 질문을 던지고자 한다. 계획을 실천에 옮기고 그 계획을 고수하는 데 실패한 이유가 당신이 아니라 당신이 썼던 전략이라면 어떤가? 세상 대부분의 사람들이 선택하고 굳게 믿는 바로 그런 전략 말이다.

그런데 인간의 행동 양식과 의지력, 뇌 구조 등을 다루는 과학 분야에서 계획을 실천에 옮기고 지킬 수 있는 더 나은 대안, 지금껏 거의 시도되지 않았고 알려지지 않았던 대안을 제시했다면 어떻겠는가? 그리고 이 새로운 전략으로 변화를 꾀했을 때 당신의 모든 것이 달라진다면? 자신을 믿든 안 믿든 계획을 실천하고, 목표를 달성하고, 바람직한 습관을 들이고, 삶을 바꿀 수 있다면 어떻겠는가?

작은 습관의 세계에 발을 들인 것을 환영한다. 이미 불신으로 가득 찬 당신이라면 한껏 부풀려진 말처럼 들릴지 모른다. 하지만 앞에서 이미 내 경험을 들어 이야기했듯이 이것은 2012년 말에 시작된, 더하지도 빼지도 않은 사실이자 깨달음이다. 그전까지 무려 10년 동안 나는 끊임없이 자신을 탐색하면서 변화하고 성장하기 위해 노력했지만 결과는 늘 실망스러웠다. 그러던 중 조금은 색다른 시도를 해보게 되었고, 이는 그전에 경험해 보지 못한 돌파구를 만들어 주었다. 그래서 나는 이 희한한 전략이 그리도 놀라운 성과를 거둔 이유를 정확히 이해하기 위해 애썼고, 시간이 지나 퍼즐 조각이 하나하나 맞춰지자 나도 모르게 무릎을 쳤다(그건 지금도 마찬가지다)! 이 책은 그렇게 탄생했다.

어떤 일이든 성과를 보지 못하면 우리는 대개 자신의 무능함을 탓하면서 우리가 사용한 전략에 문제가 있다는 생각은 잘 하지 못한다. 그러고는 같은 전략을 또다시 가져다 쓰면서 그걸로 성과를 올리기 위해 안간힘을 쓴다. 만일 당신도 그렇다면 중요한 사실을 잊고 있는 것이다. 어떤 전략을 써서 여러 번 실패했다면 다른 전략으로 눈을 돌리는 게 당연하다. 당신에게 맞지 않는 전략이라면 세상 모든 사람이 옳다고 인정하는 전략이라 해도 아무 소용없다. 나 역시 이런 깨달음을 오래전에 얻었다면 얼마나 좋았을까?

조금 전 나는 당신에게 코를 만져 보라고 했다. 지금부터 그 이유를 설명하겠다. 먼저 당신은 코를 만진다고 해서 어떤 보상도 따르지 않는다는 사실은 알았을 것이다. 그래도 당신은 그렇게 했다. 왜일까? 코를 만지는 건 힘들이지 않고 할 수 있는 아주 시시한 일이기 때문이다. 아까 그 부분에서 코를 만지지 않고 넘어간 사람이 있다면 지금이라도 해보자(그런 우스꽝스런 짓은 절대로 못하겠다는 고집쟁이가 있다면 다른 쉬운 동작 무엇이라도 좋다).

　당신이 코를 만졌던 것은 그런 지시에 대해 느꼈던 거부감이 당신의 의지력만큼 강하지 않았기 때문이다. 자, 일단 축하한다! 당신은 작은 습관을 들일 수 있는 사람이다.

　조금 전 코를 만져 보라고 한 것은 당신의 의지력을 시험하는 가장 기본적인 연습이었다. 내키지는 않아도 일단 내 말에 따라 코를 만졌다면 이 책에 나오는 전략을 성공적으로 수행할 수 있다. 농담이 아니다. 이 책은 2012년 12월 28일, 내가 운명의 팔굽혀펴기 한 번을 했기 때문에 태어날 수 있었다. 지금 내가 턱걸이를 연속으로 16개 할 수 있는 것도, 헬스클럽을 꾸준히 다니게 된 것도, 지금처럼 탄탄한 몸매를 갖게 된 것도 모두 다 그 한 번의 팔굽혀펴기 덕분이다. 또, 텔레비전의 유혹에도 불구하고 매일 하루도 빠짐없이 글을 읽고 쓰는 것도 다 그 팔굽혀펴기 덕분이다. 그 한 번의 팔굽혀펴기가 내 인생에서 일어난

당신은 작은 습관을 실행할 수 있는 사람인가?

모든 멋진 변화로 이어진 첫 단계였다.

　모든 위대한 업적은 그전의 다른 성과들로 이루어진 기반 위에 쌓인다. 뒤돌아보면 그 모든 일의 출발점이 되었던 하나의 단계를 찾아낼 수 있다. 만일 그 한 번의 팔굽혀펴기가 없었다면 나는 아직도 헬스클럽에 가지 않을 핑계만 찾고 있을 것이고, 지금처럼 매일 글을 읽고 쓰지도 못할 것이다. 단 한 번의 팔굽혀펴기가 실마리가 되어 나는 이제껏 경험해 보지 못한 새로운 전략을 찾아냈고, 그것은 다시 훌륭한 결과로 이어졌다. 어떤가? 내 삶의 모든 것을 바꿔 놓은 작은 행동에 관한 이야기를 들을 준비가 되었는가?

모든 변화는 '팔굽혀펴기 한 번'에서 시작되었다

한 번의 팔굽혀펴기, 이것을 '골든 푸시업'(golden push-up, 결정적 계기가 되었던 팔굽혀펴기를 의미한다-옮긴이)이라고 이름 붙일까 하는 생각도 든다. 때는 2012년 12월 28일, 새해를 얼마 남겨 두지 않은 겨울이었다. 다른 많은 사람들처럼 나 역시 지나온 한 해를 돌아보았고, 별로 이룬 게 없어 낙심하고 있었다. 2013년에는 좀 더 잘살고 싶다는 생각이 들었다. 그중에서도 가장 바랐던 건 멋진 몸을 만드는 것이었다. 하지만 그렇다고 해서 거창한 새해 결심 같은 걸 세울 생각은 없었다. 이미 수년 전부터 그런 결심은 아무짝에도 소용이 없다는 사실을 깨달았기 때문이다. 통계적으로도 새해 결심이 성공할 가능성은 8퍼센트에 불과하다고 한다.[2]

그때까지만 해도 나는 인생에서 성공을 거두기보단 라스베이거스에서 한 방에 큰돈을 딸 확률이 차라리 더 높다고 생각했다. 고등학교 이후로는 운동하는 습관을 들이기 위해 무진 애를 썼다. 하지만 아무리 노력해도 운동은 습관으로 굳어지지 않았다. 대체로 이런 결과는 자신감을 떨어뜨리기 마련이다. 나 역시 변화하겠다는 의욕은 보통 2주 정도면 감쪽같이 사라졌고, 결국 이런저런 핑계를 대면서 운동을 그만두곤 했다. 때로는 아무 이유도 없이 그냥 포기하기도 했다. 그날도 그저 1월 1일이라는 특별한 날이 오기 전에 단지 뭔가 하고 싶었던 나는 그 자리에서 30분 정도 운동을 하기로 생각했다.

하지만 나는 움직이지 않고 멍하니 서 있기만 했다. 세상에! 30분이라니! 의욕이 도통 생기지 않았다. 그래서 의욕이 필요할 때마다 쓰는 주문을 외기 시작했다. "그러지 말고 힘내, 스티븐! 진정한 승자는 남보다 더 노력하는 법이야." 빠른 박자의 음악도 들어 보고, 해변에서 근육질 몸매를 자랑하는 나를 상상해 보는 등 좋다는 방법이란 방법은 죄다 동원했지만 아무것도 통하지 않았다. 체력은 엉망이었고, 나 자신이 무기력하고 무가치한 인간인 것만 같아 아무것도 할 수가 없었다. 30분짜리 운동이 마치 에베레스트 산처럼 넘기 불가능한 장벽같이 보였다. 운동이라는 것 자체가 엄두가 나지 않았다. 나 자신이 정말 실패자처럼 느껴졌다. 아니, 실제로도 그랬다.

내가 겁을 냈던 건 30분이라는 시간도, 그 운동을 하는 데 필요한 노력도 아니었다. 사실 나를 짓눌렀던 것은 원하는 몸매를 갖게 되기까지 필요한 총 운동량이었다. 출발 지점에서부터 결승점까지의 어마어마한 거리, 1년은 족히 해야만 하는 엄청난 운동량이 내 어깨를 내리눌렀다. 뭔가 시작도 하기 전부터 두려움과 좌절감, 그리고 나와의 약속을 지키지 못하게 되었을 때 맞게 될 죄책감이 느껴졌던 것이다.

더도 덜도 말고 '딱 한 번만' 하기

　그런데 그 일이 있기 몇 달 전, 창의적 사고와 문제 해결을 다룬 마이클 미칼코(Michael Michalko)의 《창의적 자유인》(Thinkertoys)이라는 책에서 읽었던 내용이 떠올랐다. 미칼코가 이야기하는 창의적 사고 기법 중에 '관념의 가면'(False Faces)이라는 것이 있다. 먼저 지금 생각하고 있는 것의 정반대되는 이미지를 떠올린 다음, 거기에서 창의적인 아이디어를 만들어 나가는 방법이다. 예를 들어 하늘을 찌르듯 높은 마천루를 지어야 한다면 반대로 지하 깊숙이 내려가는 구조물을 지어야 한다고 생각해 보는 것이다. 이렇게 하면 원래의 목표로부터 거리를 두면서 다양한 가능성의 한계를 알아봄으로써 창의적 아이디어를 만들어 낼 수 있다.

　해결해야 할 문제가 생기자 문득 이 기법이 떠올랐고, 그래서 나는 30분짜리 운동에 정반대되는 일이 무엇이 있을까 생각하기 시작했다. 우선은 쉽게 생각해서 아이스크림을 먹으며 텔레비전을 보는 일을 떠올렸다. 그런데 바로 다음 순간, 30분씩이나 운동을 한다는 게 마치 에베레스트 산을 오르는 것처럼 어마어마하게 힘든 일로 느껴진다는 사실을 상기했다. 그렇다면 운동의 양을 대폭 줄이는 것으로 또 다른 반대 개념을 만들 수 있을 터였다. 30분이라는 제법 긴 시간 동안 땀을 뻘뻘 흘리며 힘들게 운동하는 대신 팔굽혀펴기를 딱 한 번만 한다면

어려운 일　　　　　쉬운 일

팔굽혀펴기 한 번이 어렵지는 않을 것이다.

어떨까? 더 해야 할 의무 같은 것은 없다. 그저 딱 한 번만이다. 그것이 야말로 에베레스트 산 같은 운동의 진정한 반대 개념이었다.

　이 아이디어에 절로 웃음이 났다. 그랬다. 실제로 난 픽, 하고 실소를 터뜨렸다. '어쩌면 이렇게 한심할 수가! 팔굽혀펴기 한 번으로 무슨 효과가 있담? 그보단 훨씬 더 많이 해야 한다고!' 하지만 원래의 야심 찬 계획으로 돌아갈 때마다 실패하지 않았던가. 고작 30분 운동하는 것도 질리도록 실패했으니 이제는 밑져야 본전이었다. '까짓것, 팔굽혀펴기 딱 한 번만 하자.' 그래서 나는 그 자리에서 바닥에 엎드려 팔을 한 번 굽혔다 폈다. 그리고 그것이 내 새로운 인생의 시작이었다.

　팔굽혀펴기 자세를 취했을 때 나는 그것이 실제 30분짜리 운동의 첫

동작과 정확히 똑같은 자세라는 걸 깨달았다. 어쨌거나 나는 계획대로 팔굽혀펴기를 한 번 했다. 어깨에서 우두둑하는 소리가 났고, 팔꿈치에는 윤활유라도 칠해야 할 것 같았다. 마치 내 피부 밑 근육들이 24년이라는 길고 긴 잠에서 깨어나는 것만 같았다. 그래도 이왕 자세를 취한 김에 몇 번을 더 했다. 동작 하나하나가 나의 녹슨 근육을 채찍질했고, 안 하겠다고 버티는 뇌를 괴롭혔다.

손을 털고 일어서면서 '그래도 아무것도 하지 않은 것보다는 백배 낫지'라고 생각했다. 여기서 한 가지 말해 둘 게 있다. 그 시점에서도 여전히 나는 운동을 집어치우고 싶었다. 하지만 그때 문득 턱걸이도 딱 한 개만 하면 어떨까 하는 생각이 들었다. 단념하기에는 너무 쉬운 일처럼 보였다. 그래서 방문 몰딩의 툭 튀어나온 부분을 잡고 매달린 다음 턱걸이 한 개를 했다. 왠지 그냥 내려오기 아쉬워 매달린 김에 몇 개를 더 했다. '흥미롭군. 힘들긴 해. 하지만 생각한 것보단 나은데?'

잔뜩 굳어 있던 근육이 풀리기 시작하고 있었다. 더 하고 싶은 의욕은 분명 높아졌지만 애초에 내 체력이 형편없었기에 아직도 마음속으로는 그만하고 싶다는 생각이 들끓었다. 그래서 계속 똑같은 전략을 나 자신에게 주입했다. 즉, 포기하지 않고 계속 운동을 이어 가는 데 꼭 필요한 만큼만 목표를 추가했다. 한 차례 팔굽혀펴기를 하는 그 짧은 시간 동안 나는 '좋아, 한 번 더. 좋아, 두 번만 더. 자, 다시 한 번 더!'

이런 식으로 더 잘게 나눈 목표를 세웠다. 그리고 조금만 더 하자고 스스로를 달래며 작은 목표를 하나씩 달성했다. 목표가 얼마나 낮든 간에 일단은 달성하는 것 자체가 기분 좋은 일이었다.

그렇게 운동이 끝나자 20분이라는 시간이 흘러 있었다. 뿌듯했다. 평소에 이 시점이라면 10분짜리 복근 운동이 끝났을 즈음이었다. 하지만 복근 운동이라는 이미지를 떠올리자마자 내 머릿속은 또다시 들끓었다. 마치 비디오게임에서 지나가는 표적을 쏘아 맞추는 것처럼, 내 정신은 복근 운동이란 생각을 사정없이 쏘아 떨어뜨렸다. '그만하면 됐잖아? 이 정도면 오늘은 충분하니까 괜한 짓 하지 마.' 그래서 난 어떻게 했을까?

일단은 바닥에 매트를 깔기로 했다. 그 정도는 내 머리도 순순히 받아들였다. 다음에는 복근 운동 비디오를 가져오기로 했다. 여기까지도 내 머리는 받아들였다. 그다음에는 재생 버튼을 누르기로 했다. 10분 뒤, 복부가 활활 타오르는 듯한 짜릿한 느낌이 내 몸을 자극했다.

여기서는 그렇게 하기까지의 전 과정이 각각의 '개별적인 결심'으로 이뤄져 있었다는 사실이 무엇보다도 중요하다. 그중 어떤 시점에서도 나는 10분짜리 복근 프로그램을 '끝까지 마쳐야 한다'는 중압감을 느끼지 않았다. 만약 그랬다면 절대 끝마치지 못했을 것이다.

그렇게 한 번의 팔굽혀펴기를 불가능할 것만 같던 30분짜리 운동으로 발전시킨 역사적인 날이 저물었다. 다음 날, 나는 '팔굽혀펴기 1회의 도전'(The One Push-up Challenge)이라는 글을 써서 블로그에 올렸다. 이 글은 지금까지도 내 블로그에서 가장 조회수가 높은 글이다. 아직도 많은 사람들이 그 글 덕분에 운동을 꾸준히 할 수 있게 되었다며 고마워하는 메시지를 보내곤 한다.

새해가 되어 1년이 지나는 동안에도 나는 계속해서 '하루에 팔굽혀펴기 한 번 하기'라는 자신과의 약속을 지켰다. 그리고 보통은 두 번 이상 했다. 하루는 자려고 침대에 누운 뒤에야 팔굽혀펴기를 해야 한다는 사실이 떠올랐다. 그래서 재빨리 누운 자세에서 몸을 뒤집어 그대로 침대 위에서 팔굽혀펴기를 한 번 했다. 잠들기 바로 직전에 그날의 약속을 지켰다는 생각에 절로 웃음이 났다. 바보 같은 일처럼 들릴 수도 있겠지만, 그렇게 쉽게 하루의 목표를 달성하고 꾸준히 목표 달성 기록을 이어간다는 건 정말이지 기분 좋은 일이었다. 훗날 나는 이것이 나의 성공에 얼마나 중요한 역할을 했는지 깨닫게 되었다.

내가 알게 된 것은 두 가지였다. 첫째, 하루에 팔굽혀펴기 겨우 몇 번을 하는 것만으로도 기분이 완전히 달라졌다. 더 건강해지고 근육이 훨씬 잘 잡힌 느낌이 들었다. 둘째, 운동이 습관이 될 수 있다는 사실을 깨달았다. 그렇게 약해빠진 목표라 할지라도 나는 매일 운동을 하고 있는 게 아닌가. 규칙적인 운동이 점점 더 쉬워지고 있었다.

이런 긍정적인 경험이 쭉 이어지자, 왜 내게는 이렇게 한심할 정도로 작은 목표가 커다란 목표보다 더 잘 맞는지 궁금해졌다. 그래서 그 이유를 설명해 줄 과학적인 근거가 없을까 하는 생각이 들어 조사를 해보니 실제로 과학적인 근거가 있었다. 당신도 이 책 곳곳에서 그런 연구 결과를 발견할 것이다. 물론 "작은 습관 전략이야말로 당신이 찾던 해답이다."라고 말해 주는 연구는 하나도 없다. 대신 우리의 의지력과 인간 뇌의 특성을 밝히고, 지속적인 실천을 위해서 무엇이 필요한가를 알려 주는 수십 건의 연구 결과가 있을 뿐이다. 그러나 이런 연구 결과들은 나의 습관 들이기 철학을 뒷받침해 주기에 충분했다.

그해 6월 말, 나는 마침내 집을 벗어나 헬스클럽에 다니기 시작했고, 그 후 근육을 몇 킬로그램이나 불렸다. 9월 20일에는 '작은 습관'이라는 공식이 독서와 글쓰기 같은 내 삶의 다른 부분도 향상시킬 수 있는 잠재력이 있음을 깨달았다. 그때부터 나는 몸매를 계속해서 유지한 것은 물론 매일 글 쓰는 양을 네 배, 읽는 양은 열 배로 늘리는 기염을 토해 나 스스로도 놀라는 엄청난 일이 벌어졌다. 이제껏 내가 원해 왔던 모든 것이 이루어지고 있었다. 심지어는 먹기 싫어했던 건강식 샐러드를 이제는 스스로 찾아서 먹기 시작했다. 건강과 배움 같은 중요한 분야에서 스스로에게 투자를 시작하면 다른 분야에서도 같은 노력을 기울이게 되는 법이다.

나쁜 습관을 끊는 것보다
좋은 습관을 기르는 게 더 쉽다

여기서 더 나아가기 전에 한 가지 짚고 넘어갈 것이 있다. 안타깝지만 이 책은 담배를 끊거나 도박 중독을 치료하는 데는 도움이 안 된다는 사실을 알아 두기 바란다. 작은 습관 전략은 좋은 습관을 기르는 데만, 즉 당신의 삶을 풍요롭게 해줄 긍정적인 행동을 습관으로 정착시키는 데만 적용할 수 있다.

물론 나쁜 습관을 버리는 것과 좋은 습관을 만드는 것은 공통의 목표가 있다. 기존에 해오던 행동 대신 더 나은 행동을 하게 만드는 것이다. 나쁜 습관의 경우 변화란 곧 어떤 행동으로부터 멀어지는 것을 뜻한다. 반대로 좋은 습관은 어떤 좋은 것을 향해 나아가는 변화를 뜻한다. 내가 권하는 작은 습관은 이 중에서도 좋은 것을 향해 나아가는 변화에 초점을 맞춘다.

약물중독처럼 깊이 뿌리박힌 나쁜 습관을 바꾸는 데는 작은 습관 말고도 다른 심리적 치료 과정이 필요하고 전문가의 도움을 받아야 한다. 하지만 게으름, 두려움, 시간 낭비 같은 나쁜 습관을 버리는 데 도움이 될 장기적인 전략을 찾고 있다면 작은 습관이야말로 당신이 찾던 바로 그 전략이다.

이런 나쁜 습관은 다른 좋은 습관을 들이는 것으로 줄여 나갈 수 있다. 남는 시간을 모두 좋은 습관에 투자한다면 어떻게 나쁜 습관을 계속 유지할 수 있겠는가? 그리고 이런 식으로 좋은 습관을 꾸준히 더해 가는 것은 꽤 쉽다. 오히려 원하는 목표를 단기간에 이루도록 도와주는 기법들이 엉터리일 경우가 많다. 당신도 나처럼 10년 동안(물론 이보다 오래된 사람도 있을 것이다) 뇌의 명령에 저항하며 이길 수 없는 싸움을 해왔다면, 이제는 반대로 뇌의 작용을 이해하고 천천히 뇌를 변화시키는 전략이 훨씬 쉬울 것이다.

어떻게 습관을 들여야 하는지 정확히 알고 올바른 변화 전략만 가지고 있다면 이전에는 불가능하게 느껴졌던 일도 충분히 가능해질 뿐 아니라 꽤 쉽고 단순해진다. 이는 잠긴 문을 여는 것과 마찬가지다. 맞는 열쇠를 가지고 있다면 문을 여는 일은 너무 쉽다.

나쁜 습관들로 인해 캄캄한 어둠 속에 있는 사람들에게 삶의 빛이 필요하다. 당신의 삶이 나쁜 습관으로 점철된 엉망진창의 상태라면 몇 가지 좋은 습관을 들이는 것만으로도 인생을 바꿀 수 있다. 따지고 보면 어둠이란 것도 혼자서는 존재할 수 없다. 빛이 없는 상태를 우리가 어둠이라고 이름 붙인 것뿐이지 않은가. 어쩌면 좋은 습관이라는 빛이 부족해서 나쁜 습관이 생기고, 이로 인해 삶에 어두운 공간이 생기는 것일 수도 있다. 삶에 좋은 습관을 더하면 이것이 빛을 발해서 원하는 목표로 가는 다른 길을 보여 주고 자신감을 되찾아 주며, 희망을 선물한다. 또한 그 위에 다른 좋은 것들을 쌓아 올릴 수 있는 기반이 되어 주기도 한다.

작은 습관 전략에는 당신이 뭔가(목표)를 향해 갈 때 가장 중요한 것이 바로 첫걸음이라는 사실을 알려 주는 삶의 철학도 함께 녹아 있다. 달리 말해 작은 습관은 습관 말고 다른 부분에서도 당신을 도와줄 수 있다. 나는 이 책이 당신을 도와주기를 단순히 희망하는 게 아니다. 반드시 당신을 도와줄 것이라고 확신한다. 대부분 사람들의 새해 결심이 작심삼일에 지나지 않는다고 확신하는 것처럼 말이다. 통계적으로도 새해 결심이 실패할 확률은 매우 높다. 하지만 작은 습관과 함께하면 믿을 수 없을 정도로 쉽게 자신의 삶을 바꾼 사람들 중 한 명이 될 수 있다.

작은 습관이 만들어 내는 변화: 사소한 행동, 위대한 결과

책 전반에서 나는 수시로 '작은 습관'이라는 말을 쓸 것이다. 어쩌면 당신은 이미 일상적으로 이 말을 자주 사용하고 있을지 모른다. 물

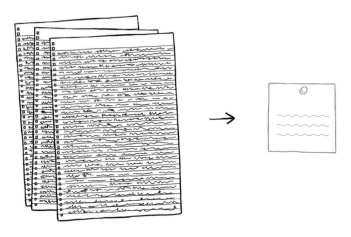

목표를 최소화하자!

론 관용적으로 말이다. 하지만 이 책에서 말하는 작은 습관의 개념은 조금 다른 의미이므로 간단히 설명하고 넘어가고자 한다. 작은 습관이란 말 그대로 당신이 갖고 싶어 하는 새로운 습관의 최소 버전이라고 보면 된다. 예를 들어 '하루 팔굽혀펴기 100번'은 '하루 팔굽혀펴기 한 번'으로 최소화할 수 있다. '매일 A4 5장 글쓰기'는 '매일 2~3줄 쓰기'로 줄어든다. '항상 긍정적으로 살기'는 '하루에 두 번 긍정적인 생각하기'로 최소화하면 된다. '혁신적인 기업가정신을 가지며 살기'는 '하루에 아이디어 두 가지 생각해 내기' 정도면 좋겠다.

작은 습관의 시스템을 이루는 토대는 '한심할 정도로 작은 걸음'에 있다. 작은 걸음이라는 개념은 전혀 새로운 것이 아니지만 이것이 어떻게, 왜 성과를 가져다주는지는 아직 제대로 분석된 바가 없다. 물론 작은 걸음이라는 표현은 상대적이다. 어떤 이에게는 작은 걸음인 것도 다른 이에게는 엄청난 도약일 수 있다. 그래서 '한심할 정도로 작은'이라는 표현이 작은 습관의 의미를 더욱 구체적으로 밝혀 준다. 어떤 행위가 자신이 할 수 있는 일반적인 행동과 비교해 한심하게 들린다면 그것이야말로 완벽한 목표가 되기 때문이다.

작은 습관 시스템은 적용이 쉽고 마음가짐을 긍정적으로 바꿔 준다는 데 강점이 있다. 여기에는 선순환 고리가 내재되어 있다. 즉, 쉽기 때문에 계속 실천하게 되고 작은 행동이 습관으로 굳어질수록 삶에 긍정적인 변화가 일어나기 때문에 더 하게 된다. 또한 작은 습관 시스템은 자기효능감을 자연스럽게 높여 주며 사소한 행동을 습관으로 자리잡게 해준다는 장점이 있다. 한마디로, 정교하면서도 영리하게 사람을 뒷받침해 주는 단순하지만 강력한 시스템인 것이다.

작은 습관 전략은 약간의 의지력을 이용해 강제로 이를 따르게 만드는 방식을 쓴다. 팔굽혀펴기를 한 번 하거나 아이디어를 두 가지 정도 떠올리는 데는 많은 의지력이 필요치 않다.

별 것 아닌 것처럼 보이는 작은 습관 시스템은 놀라울 정도로 큰 성과를 가져다준다. 일단 작은 목표를 달성하고 나면 추가로 더 할 가능성이 매우 높다. 우리가 마음속으로는 이미 이런 긍정적인 행동을 갈망하고 있기 때문에 이를 시작하는 데 심적인 거부감이 별로 들지 않는다. 두 번째 장점은 이 작은 행동이 정해진 일과가 된다는 점이다. 목표를 초과 달성하지 못하더라도 행동을 꾸준히 하는 것 자체는 곧 작은 습관이 되기 시작한다. 거기서부터 추가로 더 하게 되고, 이렇게 굳어지는 습관은 점점 더 커지고 확대된다.

세 번째 장점은 꾸준한 성공이다. 가령 금융 시스템 같은 것은 너무 덩치가 커서 많은 사람들이 쉽사리 무너지지 않을 것이라 믿지만(물론 금융 위기를 통해 증명되었듯이 전혀 사실이 아니다), 작은 습관 시스템은 너무나도 사소하고 한심해서 도리어 실패하기가 더 힘들다. 그러다 보니 목표 달성에 실패했을 때 우리가 흔히 느끼는 부정적인 감정이나 무력감 같은 것들을 느끼지 않아도 된다.

작은 습관은 사실상 매일의 성공이 보장되는 몇 안 되는 자기계발 전략 중 하나다. 강력한 의욕을 고취시키고 목표 달성이 언제나 가능하기 때문이다. 이 전략은 나를 그 무엇도 막을 수 없는 강한 의지의 사나이로 만들었다. 이것을 시작하기 전까지만 해도 그 무엇도 나를 움직이지 못했는데 말이다.

요약하자면 작은 습관 전략은 아주 사소한 긍정적 행동을 매일 실천하도록 스스로 강제하는 전략이다. 작은 행동은 언제나 효과를 내고,

습관은 일관성으로부터 만들어진다. 따라서 행동과 습관, 이 두 가지는 영원히 천생연분일 수밖에 없다. 솔직히 말해서 그 판타지 로맨스 소설《트와일라잇》(Twilight) 시리즈보다는 훨씬 더 재미난 사랑 이야기가 아닌가.

당신의 **삶**을 바꾸는 **습관**의 **과학**

그러면 그냥 매일매일 작은 행동을 하면 되는 것 아닐까? 물론 그렇게 해도 좋다! 하지만 습관은 삶의 기본 뼈대와 같기 때문에 이를 과소평가해서는 안 된다. 팔굽혀펴기 1회의 도전에서 작은 행동의 힘을 발견했을 때 난 마치 내 안에 숨겨진 초능력을 처음 발견한 슈퍼 영웅이 된 기분이었다. '세상에, 어떻게 하면 이 힘을 세상 사람들을 위해 쓸 수 있을까?' 그렇게 찾아낸 답이 바로 습관이었다.

이 책은 습관을 형성하기 위해 작은 행동을 사용하는 데 초점을 맞춘다. 당신의 습관보다 중요한 것은 없기 때문이다. 듀크 대학교에서 실시한 연구에 따르면 우리의 행동 중 약 45퍼센트가 습관으로부터 나온다고 한다.[3] 그런데 습관은 이 45퍼센트라는 수치가 시사하는 것보다 훨씬 더 중요하다. 습관이란 자주(때로는 매일) 반복되는 행동이고, 이런 반복이 쌓이다 보면 장기적으로 큰 도움을 주거나 큰 해를 끼칠 수 있기 때문이다.

하루에 글을 A4 2장씩 쓰는 습관을 기르면 1년에 730장에 이르는 글을 쓸 수 있다. 이는 A4 100장 분량(약 300쪽)의 소설 일곱 권과 맞먹는 양이다. 물론 3,000쪽 가까운 톨스토이의 대작《전쟁과 평화》(War and Peace)에는 발끝에도 못 미치겠지만 말이다(정말이지 할 말이 많은 양반이었던 모양이다).

약 100장 분량의 고전 소설로는 다음과 같은 것들이 있다.

- 더글러스 애덤스,《은하수를 여행하는 히치하이커를 위한 안내서》(The Hitchhiker's Guide to the Galaxy)
- 스티븐 크레인,《붉은 무공훈장》(The Red Badge of Courage)
- F. 스콧 피츠제럴드,《위대한 개츠비》(The Great Gatsby)

물론 첫 시도(어쩌면 100번 시도해도 쉽진 않겠지만)에서 전세계적으로 인정받는 대작을 쓰지는 못하겠지만, 매년 일곱 권을 쓸 수 있다면 자신의 글쓰기 실력을 갈고닦기에 충분한 연습이 되지 않겠는가?

이 밖에도 삶을 바꿔 놓을 잠재력이 있는 습관들은 많다.

- 하루에 20분 운동하는 습관은 몸매를 바꿀 수 있다.
- 몸에 좋은 음식을 먹으면 수명을 늘릴 수 있고 죽는 날까지 건강을 유지할 수 있다.
- 매일 아침 한 시간씩 일찍 일어나 책을 읽으면 1년에 365시간이 더 생기는 셈이다. 평균적으로 1분에 A4 절반 정도를 읽을 수 있다고 하면, 매일 한 시간 읽는다고 할 때 1년이면 1만 950장을 읽을 수 있다. 이는 1년에 100장 분량의 소설을 110권 가까이 읽을 수 있다는 뜻이다. 엄청난 독서량이다. 자신의 지식을 더욱 늘릴 수 있는 확실한 길이기도 하다.

또한 '긍정적으로 사고하기'나 '감사하는 마음 갖기'처럼 조금은 추상적인 습관 역시 삶에 극적인 영향을 미칠 수 있다. 작은 습관 전략만 있으면 삶에 더 많은 혜택을 가져다줄 다양한 강점을 기르기가 굉장히 쉬워진다. 그저 원하는 습관을 골라 자신의 것으로 삼기만 하면 된다. 더 많은 작은 습관 아이디어에 대해 알고 싶으면 나의 블로그를 방문하기 바란다. 아, 잠깐! 그렇다고 지금 당장 컴퓨터 앞으로 달려가진 말자. 그전에 책부터 마저 읽어야 한다. 당신의 성공을 도울 중요한 정보가 뒤로 갈수록 많아지니 말이다.

습관
형성

한 번에 만들어지는 습관은 없다.

당신도 **모**르는
습관의 **세** 가지 **비**밀

  메리엄-웹스터 사전에는 습관이란 "보통의 행동 방식. 어떤 사람이 주기적, 반복적으로 종종 하는 무엇"이라고 나와 있다. 나처럼 의지가 빈약한 사람의 입장에서 생각해 보면 "하지 않는 것보다 하기가 더 쉬운 행동"이라고 볼 수도 있을 것이다.

  습관은 곧장 접근할 수 있는 게 아니다. 원한다고 해서 지금 당장 새로운 습관을 만들어 내거나 기존의 것을 없앨 수 있는 게 아니라는 말이다. 습관은 꾸준한 반복 행동에 의해, 오랜 시간에 걸쳐 형성되고 자리를 잡는다.

우리 머릿속에는 '습관 신경'이 존재한다

신경 경로는 뇌 속의 의사소통 통로라 할 수 있다. 습관을 형상이 있는 구체적인 대상으로 표현한다면 아마도 바로 이런 통로의 모습을 하고 있을 것이다.

작동 방식은 이렇다. 어떤 습관에 지정된 신경 경로가 하나의 생각이나 외부 신호의 자극을 받으면 두뇌 속 경로를 따라 전하가 발생하고, 그러면 습관화된 행동을 하고 싶은 충동이나 생각이 들게 된다. 예를 들어 어떤 사람이 매일 아침에 일어나자마자 샤워를 하는 습관이 있다면 그 사람의 머릿속에는 그 행동과 연관된 신경 경로가 존재할 것이다. 그 사람이 잠에서 깨면 '샤워 뉴런'이 작동을 하고, 그러면 그는 아무 생각도 할 필요 없이 마치 좀비처럼 졸린 눈을 비비며 바로 욕실로 직행하게 된다. 습관이 좋은 것이냐 나쁜 것이냐에 따라 마법이 되기도 하고 저주가 되기도 한다. 습관이 몸에 배면 밸수록 관련된 신경 경로는 점점 더 두꺼워지면서 강해지기 때문이다.

그렇다면 우리의 목표는 더 단순해지는 동시에 더 명확해지는 셈이다. 반복을 통해 스스로 원하는 신경 경로를 만들고 그것을 더욱 강화시키면 되기 때문이다. 이렇게 말하면 쉽게 들리겠지만 그러기 위해서는 우리 인간에게 내재된 한계를 극복해야만 한다. 이제껏 당신이 접했던 많은 습관 전략들은 이런 한계를 전혀 고려하지 않거나 과소평가했을 것이다. 아니면 "어려울 겁니다. 하지만 당신이 간절히 원하고 있다면 할 수 있습니다." 같은 아무 도움도 안 되고 모호하기 짝이 없는 말만 늘어놓았을 것이다.

이런 제약을 극복할 확실한 계획 없이는 아무리 기세등등하게 시작해도 금세 지쳐 쓰러지거나 꾸준히 하지 못하고 포기하게 된다. 동기를 부여하는 전략에 대해 내가 왜 부정적인 견해를 가질 수밖에 없었는지 이제 알겠는가? 10년 동안이나 쓰디쓴 실패만 안겨 주었으니 좋아하려야 좋아할 수가 없다. 이 전략에 대해서는 뒤에 가서 더 자세히 이야기할 것이다.

스트레스는 기존의 습관으로 돌아가게 한다

습관의 중요성을 이야기하는 이 자리에서 스트레스를 언급하지 않을 수가 없다. 오늘날 세상은 그 어느 때보다도 빠른 속도로 돌아간다. 그래서 사람들은 일찍이 없었던 커다란 스트레스에 시달리고 있다. 또한 인생 자체가 불완전하므로 약간이라도 스트레스를 받지 않고 삶을 헤쳐 나간다는 것은 불가능한 일이다. 그런데 많은 사람들이 절대 품지 않는 의문이 하나 있다. 바로 '스트레스가 내 습관에 어떤 영향을 미치는가?'라는 것이다.

스트레스는 습관적 행동을 더욱 증가시킨다고 알려져 있다. UCLA에서 실시한 두 가지 실험, 그리고 듀크 대학교에서 실시한 한 가지 실험에 따르면 사람은 스트레스를 받을 때 습관적인 행동을 취할 가능성이 더 높아진다. 웬디 우드(Wendy Wood) 교수는 《성격 및 사회심리학 저널》(Journal of Personality and Social Psychology)에 실린 논문[4]에서 다음과 같이 주장했다. "사람은 스트레스를 받았거나 의지력이 떨어졌거나 당황했을 때 쉽사리 의사결정을 내리지 못한다. 너무 피로하여 의사결정을 내리지 못할 때는 평소 하던 행동을 그대로 반복하는 경향이 있다."[5] 이것은 좋은 습관과 나쁜 습관에 공통적으로 해당된다. 습관이 우리 삶에서 얼마나 중요한 부분을 차지하는지 알려 주는 결정적인 대목이다.

스트레스를 받을 때 행한 자신의 나쁜 습관으로 어떤 일이 벌어지는지 잠시 생각해 보자. 그 과정은 그야말로 악순환이 만들어지는 완벽한 시나리오다. 먼저 스트레스를 받으면 평소에 하던 나쁜 습관이 촉발된다. 이는 죄책감과 내적 고뇌를 유발하며, 그 때문에 더 많은 스트레스가 발생한다. 그리고 이 스트레스는 또다시 나쁜 습관을 반복하게 만든다.

반면에 운동처럼 스트레스를 줄여 줄 수 있는 긍정적인 습관을 가지고 있다면 어떤 일이 벌어질까? 운동하는 습관이 있을 경우 스트레스를 받으면 평소 습관대로 운동을 하게 될 것이다. 그리고 운동은 몸과 마음의 긴장을 풀어 주어 이후 맞닥뜨릴 수 있는 스트레스도 여유를 갖고 대하게 해줄 것이다.

나쁜 습관과 좋은 습관, 이 서로 다른 습관이 당신의 삶에 각기 어떤 영향을 미칠지 생각해 보자. 정말이지 대단하지 않은가? 좋은 습관은 살면서 생길 수 있는 힘든 일들에도 불구하고 당신이 성공할 수 있는 자리에 서도록 도와줄 것이다. 하지만 나쁜 습관을 버리지 못하면 수시로 부정적 악순환의 소용돌이 속으로 빠질 것이다.

한 예로 미식축구를 떠올려 보자. 한 팀이 1야드 라인에서 터치다운을 기록하려는 찰나, 상대편 쿼터백이 그 공을 가로채서 공격에 성공했다고 하자. 이렇게 되면 상대편이 7점을 얻는 데서 끝나는 게 아니다. 원래 팀이 득점할 수 있었던 7점마저 얻지 못하게 되어 결과적으로는 총 14점을 손해 보는 셈이다. 스트레스도 마찬가지다. 스트레스로 인해 모든 습관은 '14점짜리 문제'가 된다.

스트레스의 영향을 받는 또 다른 부분은 바로 변화의 어려움이다. 스트레스가 높으면 변화를 시작하기가 더욱더 힘들어진다. 우드 교수는 인간에게는 "평소 하던 일을 그대로 반복하는 경향"이 있다고 했다. 따라서 스트레스가 우리를 기존의 나쁜 습관으로 돌아가게 만든다면 이는 그 습관을 제외한 다른 모든 행동으로부터도 멀어지게 만든다는 뜻이다. 즉, 새롭게 습관으로 만들기 위해 그토록 노력해 왔던 긍정적 행동을 중단하게 만든다는 말이다.

스트레스를 받으면 기존의 습관이 더욱 강화되기 때문에 웬만한 습관 만들기 전략은 무너져 내릴 수밖에 없다. 하지만 내가 이야기하는 작은 습관은 결코 당신을 실망시키지 않을 것이다.

새로운 습관을 들이는 데 정해진 시간은 없다

새로운 습관을 들이는 데 걸리는 기간은 사람마다, 경우마다 다르다. 만일 다른 답을 내놓는 사람이 있다면 그건 어디선가 주워들은 이야기를 앵무새처럼 그대로 반복하는 것에 불과하다. 그리고 그 답 역시 틀렸다.

21일도, 30일도 아니다. 제발 부탁한다. 우리 서로를 위해서라도 이런 말은 더 이상 하지 말자. 할 수만 있다면 눈에 보이는 광고판마다 이 말을 좀 붙여 두고 싶다. 습관이 굳어지는 데 21일이 걸린다는 가설을 처음 내놓은 사람은 성형외과 의사인 맥스웰 몰츠(Maxwell Maltz)로 추정된다. 몰츠 박사는 손이나 발이 절단된 환자가 신체 부위를 잃었다는 사실에 익숙해지는 데 약 21일이 걸린다는 사실을 발견했다.

그래서 그는 사람들이 중요한 변화에 적응하는 데 걸리는 시간이 21일이라고 주장한 것이다. 하지만 이 기간이 습관을 들이는 데 걸리는 시간이라고 딱 잘라 말하는 것은 좀 심하지 않은가? 팔다리를 잃은 슬픔을 이겨 내는 것과 매일 물을 많이 마시려고 노력하는 것은 엄밀히 말해서 같은 유형의 경험이라고 할 수 없다. 그리고 매일 팔굽혀펴기를 150번씩 하려고 애쓰는 것은 또 다른 이야기다.

습관이 형성되는 데 걸리는 시간을 다룬 연구들 중 가장 널리 알려진 것으로는 2009년 《유럽 사회심리학 저널》(European Journal of Social Psychology)에 실린 논문이 있다.[6] 이 논문에서 실험에 참가한 사람들은 총 12주 동안 "먹기, 마시기, 혹은 특정한 행동을 선택해서 매일 같은 조건(예를 들면 '아침 식사 후') 하에 실시"했다. 연구자들은 어떤 결과를 얻었을까?

어떤 행동이 습관이 되기까지 걸린 시간은 평균 66일이었다. 나는 여기서 '평균'이라는 말을 강조하고 싶다. 실제적인 결과는 18일부터 254일까지로 사람들마다 커다란 편차를 보였다. 이 결과는 습관 같은 행동 자동화에 이르기까지 걸리는 시간이 사람에 따라 매우 큰 차이가 있으며, 어떤 경우에는 매우 오랜 시간이 걸리기도 한다는 사실을 보여 준다. 그럼에도 불구하고 우리 주변에는 21일 혹은 30일짜리 습관 만들기 프로그램이 많은 인기를 모으고 있다. 당연히 이런 프로그램으로는 성공 가능성이 매우 낮다. 예를 들어 매일 물 한 잔씩 더 마시기 같은 것은 21일짜리 프로그램으로 해낼 수 있겠지만, 윗몸일으키기 100번 같은 더 어려운 행동은 습관으로 정착하기까지 200일, 혹은 그보다 더 걸릴지도 모른다.

자신의 삶에 긍정적인 변화를 일으키고 싶은 당신에게 이 이야기는 별로 반가운 내용이 아닐 것이다. 하지만 당신이 좋아할 만한 이야기도 물론 있다. 바로 습관이란 쉽게 만들었다 없앴다 할 수 있는 것이 아니라는 사실이다. 60일 동안 매일 윗몸일으키기를 100번씩 했다면 61일째는 첫째 날보다 훨씬 쉽게 느껴질 것이다. 설사 그것이 아직 완전히 자동화되지 않았다고 해도 말이다.

습관을 만드는 것은 가파른 오르막, 완만한 언덕, 정상, 그리고 내리막길이 이어지는 길을 따라 자전거를 타는 것과 같다. 처음 시작할 때는 젖 먹던 힘까지 다해 페달을 밟아야 한다. 그 이후부터는 점점 더 쉬워지지만 언덕 꼭대기에 다다를 때까지 페달에서 발을 떼서는 안 된다. 그러지 않으면 그대로 뒤로 미끄러져서 지금껏 들인 노력이 다 헛수고가 되기 때문이다.

내 경험상 습관이 굳어지고 있다는 것을 가장 먼저 느낄 수 있는 신호는 그 행동에 대한 거부감이 적어지는 것이었다. 말이 되지 않는가? 우리의 생각은 신경 경로를 통해 전기 신호를 보내 내부적으로 의사소통을 한다. 그리고 전기는 언제나 저항이 가장 적은 길을 택해 흐른다는 사실을 학창 시절에 과학 시간을 통해 배웠을 것이다. 마찬가지로 우리의 뇌는 경로가 이미 존재하고, 행동의 결과로 어떤 보상이 따르는지 잘 알고 있는 기존의 습관대로 행동하기를 좋아한다. 하지만 새로운 행동은 아직 그 결과가 입증되지 않았고 위험 부담이 크며, 정해진 신경 경로도 없다. 이 행동에 대한 안전한 경로가 없기 때문에 굳이 그 행동을 하려면 수동 조작을 통해 본래 하려던 행동을 수정하는 수밖에 없다. 이 수동 조작 과정이 반복되면서 '신생 신경 경로'는 점점 더 자라게 된다. 그리고 시간이 흐르면 어느덧 기존의 행동과 경쟁을 벌일 수 있는 위치에 선다.

한편 습관이 굳어지기까지 얼마나 오래 걸리느냐는 중요한 문제가 아니다. 어차피 우리의 목표는 그 행동을 영원히 이어 가는 것이기 때문이다. 당신은 6개월씩 힘들게 운동해 놓고 목표를 달성했다고 해서 운동을 중단할 수 있는가? 기껏 목표를 달성해 놓고 다시 퇴보하는 것은 너무도 가슴 아픈 일이다. 따라서 정말로 중요한 핵심은 행동이 습관으로 변하는 신호를 알아보는 것이다. 그런 다음에는 초점을 다른 곳으로 돌려도 그 행동을 습관으로 유지할 수 있게 된다.

앞서 언급한 2009년 논문에서 또 한 가지 흥미로운 사실은, 사람들이 행동을 하루 빼먹었다고 해서 습관이 그대로 허물어지지는 않았다는 점이다. 단 하루 때문에 습관 형성 과정이 망가지는 것도, 또 완성되는 것도 아니기 때문이다. 하지만 심리적으로는 하루를 빼먹었다는 사실에 지나치게 낙심하면 문제가 될 수 있다. 물론 하루도 빼먹지 않고 꾸준히 유지해 나가는 게 좋지만, 혹시라도 그런 일이 생겼다면 그렇다고 해서 습관 만들기 계획이 몽땅 실패하는 것은 아님을 명심하자. 순간의 감정에 무너져 낙담하거나 중간에 포기할 필요는 없다.

제2장

습관은 어떻게
우리의 삶을 지배하는가

"왓슨, 나는 뇌일세. 나머지는 그저 쓸모없는 살덩이에 불과하지."
-아서 코난 도일,《마자린의 보석》중에서

이 장에서는 뇌를 두 부분, 즉 잠재의식과 의식으로 나눠 설명한다. 이 밖에도 뇌는 다른 많은 부위가 포함되어 있는 매우 복잡한 기관이지만, 이 책에서 다루기에는 그 두 부분만으로도 충분하다고 생각한다. 지금부터 나오는 내용은 머릿속 깊이 간직해서 영원히 새겨 놓도록 하자. 절대로 잊어서는 안 된다.

반복은 우리의 (잠재의식적인) 뇌가 사용하는 언어다. 습관을 형성하고자 할 때 우리의 목표는 반복을 통해 뇌를 바꾸는 것이다. 하지만 뇌는 보상이 따르지 않는 한 변화에 저항하게 되어 있다. 따라서 뇌의 입장에서 보면 습관을 바꿀 때 가장 중요한 두 가지 열쇠는 반복과 보상이다. 보상이 따를 때 뇌는 더욱 기꺼이 뭔가를 반복하려 한다.

파워 스티어링 장치가 없는 자동차를 운전해 본 적이 있는가? 그런 차를 몰면 방향을 조금 틀려고만 해도 핸들을 서너 번씩 돌려야 한다. 우리의 뇌는 바로 그렇게 파워 스티어링 장치가 없는 자동차처럼 변화에 반응한다. 각각의 반복 행위는 무시해도 될 정도로 아주 작은 차이만을 가져오지만, 그것을 꾸준히 반복하다 보면 작은 변화들이 모여 뇌뿐 아니라 우리의 삶에 커다란 변화를 만들어 낼 수 있다.

우리의 잠재의식은 효율을 원한다. 우리에게 습관이라는 것이 존재하는 이유다. 어떤 행동을 오랜 시간에 걸쳐 반복하면 뇌는 이 과정을 '자동적으로' 수행하는 방법을 배운다. 의사결정을 내려야 할 때마다 수동 모드가 되어 선택지들을 따지다가 역시나 매번 똑같은 식으로 행동하겠다고 결정을 내리는 것보다는, 자동적으로 행동하는 것이 에너지 측면에서 더욱 효율적이다. 어떤 일에 대해 매우 빠르게 결정을 내렸다면 아마도 습관 때문일 것이다. 설사 당신이 능동적으로 의사결정을 내리고 있다고 믿는다 해도 말이다. 어떤 의미로는 행동을 하기 전부터 이미 결정을 내린 것이나 마찬가지다. 마치 늘 좋아하는 아이스크림 맛을 선택하는 것처럼 말이다.

우리의 뇌는 느리고 게으르도록 진화했다

인간의 뇌는 변화 속도가 느리고 안정적이다. 즉, 세상에 일관되게 반응을 보이는 정해진 과정과 뼈대가 있다는 뜻이다. 느리게 변화하는 뇌를 가지고 있다는 것은 때로는 짜증스럽게 느껴지기도 하지만 전반적으로 볼 때는 우리에게 큰 도움이 된다. 만일 당신의 성격과 삶이 하룻밤 사이에 확 달라질 수 있다고 생각해 보자. 아마도 너무나 혼란스러워서 미쳐 버릴지도 모른다.

일단 유익한 습관을 새롭게 만들고 나면 모든 것이 쉬워진다. 매번 뇌와 끝없는 싸움을 벌이는 대신 매일 자동적으로 일어나고, 몸에 좋은 음식으로 아침 식사를 하고, 헬스클럽에 갈 수 있다. 거의 노력을 들이지 않고도 자기에게 좋은 일들을 할 수 있게 된다. 이런 이야기가 비현실적으로 느껴지는 사람도 많을 것이다. 물론 이런 사람들의 뇌 역시 느리고 안정되어 있다. 문제는 좋지 않은 면으로만 그렇게 '안정되어' 있다는 점이다. 이들은 몸에 나쁜 음식을 먹고, 텔레비전을 오래 보고, 담배를 피우고, 손톱을 깨문다. 너무나 굳어진 탓에 그게 얼마나 강하게 몸에 달라붙어 있는지 인식하지 못할 때도 많다. 좋은 습관이 그토록 멋지게 보이는 만큼 나쁜 습관은 끔찍하기 짝이 없다.

나의 경우 운동은 이제 습관이 되었다. 나의 정체성 역시 그와 함께 바뀌었다. 일주일에 몇 차례 운동을 빼먹으면 어쩐지 내가 아닌 것 같은 느낌이 들면서 기분이 이상하고 불만족스럽다. 하지만 작년까지만 해도 나는 그저 생존을 위해 필요한 운동만 겨우 하는 사람이었다. 이처럼 운동을 하지 않으면 자기가 아닌 것 같은 기분을 느끼는 사람, 반대로 겨우 건강을 유지할 만큼만 운동하는 사람은 모두 똑같이 습관을 통해 그렇게 된 것이다. 어떤 일을 하든지 간에 우리의 행동 중 45퍼센트는 자동적인 습관으로 이뤄져 있다. 그렇다면 우리의 삶과 목표에 도움이 되는 일을 하는 게 좋지 않을까? 이왕 하는 것, 그리고 그것을 더욱 제대로 하기 위해서는 우리의 머릿속에서 가장 중요한 두 부분을 이해할 필요가 있다.

힘세고 **멍청한 로봇**과 **영리하지만 피곤한 관리자**

앞서 우리의 두뇌가 게으르다고 했지만 심지어 어떤 면에서는 멍청하기까지 하다. 당신의 뇌만 특히 더 그런 것은 아니다. 인간의 두뇌 중 특정 부위는 아주 멍청하다. 예를 들면 담배를 피우면서도 폐암의 위험에 대해서는 생각도 하지 않는다든가, 운동을 하기 전에 멋진 복근의 모습을 떠올리지 못한다든가 하는 점이 그렇다. 더 큰 문제도 있다. 바로 이 멍청한 부위가 장기적으로는 나머지 뇌 전체를 지배하는 강력한 힘을 발휘한다는 점이다. 일정한 패턴을 인식하고 반복하는 역할을 수행하는 이 부위의 이름은 바로 기저핵(basal ganglia)이다.

한편 뇌에는 매우 영리한 부위도 있다. 전전두엽(prefrontal cortex)이라 불리는 이 부위는 이마의 바로 뒤에 있다. 이것은 어떤 행위의 장기적인 이득과 결과 등을 이해하는 일종의 '관리자'로서, 다행히도 기저핵을 무시할 수 있는 능력을 가지고 있다. 또한 단기적 사고와 의사결정을 담당하기도 한다.

이 기저핵과 전전두엽은 우리의 습관 변화에 관여하는 매우 중요한 부위다. 심리학자 데이비드 노웰(David Nowell) 박사는 전전두엽을 뇌 속에 있는 다른 부위와 차별화해서 설명한 바 있는데, 나는 그의 설명이 매우 마음에 든다. 그는 뇌 속에서 전전두엽을 제외한 다른 모든 부위는 '무엇일까'(What is)를 판단하지만 전전두엽은 '무엇이 될 수 있을까'(What could be)를 판단한다고 한다.

따라서 습관을 만들 수 있는 유일한 방법은 전전두엽이 원하는 바를 뇌의 나머지 부위들이 좋아하도록 가르치는 것이다. 초콜릿 케이크를 거부하고(물론 어렵겠지만!), 프랑스어를 배우고 싶어 하고, 건강해지고 싶어 하고, 언젠가 멋진 책을 써내고 싶어 하는 것이 바로 이 전전두엽이다. 당신이 '나 자신'이라고 생각하는 그 의식적인 두뇌다. 하지만 문제는 이 부위가 쉽게 피로해진다는 데 있다. 아니, 정확히 말하면 이 부위가 수행하는 여러 가지 기능은 너무나도 강력해서 이 부위를 지나치게 많이 사용하다 보면 쉽게 지치게 된다. 그리고 앞서 이야기했듯이 우리는 지치거나 스트레스를 받으면 기존의 습관으로 돌아가 습관을 반복하게 된다. 반복 행위를 담당하는 부위, 즉 기저핵이 우리를 조종하기 때문이다.

이 기저핵은 의식을 갖고 있지도 않고, 인간만이 가지고 있는 더 높은 수준의 목표 같은 것도 모른다. 하지만 효율적인 패턴 반복 행위자로서 우리의 에너지를 아껴 주는 역할을 한다. 즉, 전전두엽처럼 똑똑하지는 못하더라도 뇌에서 매우 중요한 부분이라고 할 수 있다. 따라서 긍정적인 행동을 자동적으로 할 수 있도록 기저핵을 훈련시키기만 한다면 앞으로의 삶이 정말로 행복해질 것이다.

이것이 바로 우리 모두가 각자의 뇌 속에 가지고 있는 운영 시스템이다. 그런데 어딘가 엉성해 보이지 않는가? 똑똑한 전전두엽이 생각 없이 기존의 행동만 반복하는 기저핵보다 훨씬 빨리 기운이 떨어져 버린다니! 하지만 이를 잘 이용하는 방법만 터득하면 기가 막힌 시스템이 될 수도 있다.

대체 어떻게 하면 힘이 없지만 똑똑한 녀석이 무식하게 힘만 센 상대를 이길 수 있을까? 힌트를 하나 주겠다. 당연히 억지로 안 되는 일을 하려고 하거나 똑같이 힘으로 상대해서는 이길 수 없다. 아마 당신도 알고 있을 것이다. 이제껏 무작정 노력해서, 아니면 의지력에 의존해서 의식으로 잠재의식을 조종하려다 실패한 적이 얼마나 많은가?

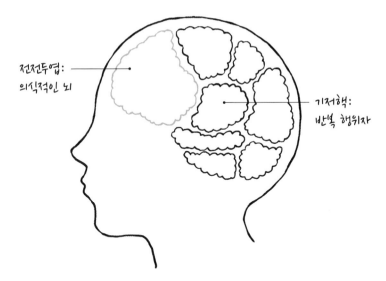

전전두엽:
의식적인 뇌

기저핵:
반복 행위자

똑똑한 전전두엽이 생각 없는 기저핵보다 훨씬 빨리 피로해진다.

결국 정답은 전전두엽 고유의 약점을 극복할 수 있는 똑똑한 전략을 사용하는 것이다.

생각하는 사람: 행동을 결정하는 머릿속 감독관

전전두엽을 더 잘 이해하기 위해서는 우선 이것이 없을 때 어떤 일이 벌어지는지 살펴볼 필요가 있다. 전전두엽이 없을 때 뇌는 어떻게 작동할까? 물론 잘 돌아가지 못할 것이다. 지금부터 설명할 연구는 전전두엽이 없을 때 뇌의 나머지 부분들이 어떤 역할을 하는지, 따라서 전전두엽이 정확히 어떤 역할을 하는지 보여 준다. 뭔가를 제거하면 그것의 영향력이 사라졌을 때 나머지 부분들이 어떻게 작용하는지를 살펴봄으로써 그 존재를 더 잘 알 수 있다.

프랑스의 신경학자 프랑수아 레르미트(Francois Lhermitte)는 전두엽이 손상된 환자들을 연구했다. 이 연구를 통해 그는 '관리자', 즉 전두엽의 일부인 전전두엽이 사라진 뇌는 극적인 변화를 겪는다는 사실을 밝혀냈다.[7] 먼저 그는 전두엽 손상을 입은 환자들과 전두엽이 건강한 일반인, 두 실험군을 연구 대상으로 삼았다. 연구원은 인터뷰 형식으로 피험자들과 마주앉아 질문을 던졌는데, 피험자들의 대답에 전혀 귀를 기울이지 않은 것은 물론, 느닷없이 희한한 몸짓을 하는 등 특이한 행동을 했다. 예를 들면 엄지손가락을 코 위에 올리거나 일어나서 군대식으로 경례를 하거나 종이를 접어 봉투에 집어넣거나 종이를 씹거나 노래를 부르거나 다리를 두드리거나 낑낑거리는 소리를 내는 것 같은 황당한 행동들이었다.

이 실험을 통해 레르미트는 다음과 같은 결과를 얻었다. 전두엽이 건강한 사람들은 당연히 연구원들의 행동을 이상하게 여겼다. 이 연구원들이 작성했던 논문에 실린 표현을 그대로 옮기자면(그렇다. 이것은 매우 과학적인 표현이다!) 피험자들은 "이 친구 뭐 잘못 먹은 거 아냐?"라는 반응을 보였다. 젊은 사람들은 대놓고 웃음을 터뜨리기도 했다. 연구원을 따라 하고 싶은 생각이 혹시 들었느냐는 물음에는 "절대 그러고 싶지 않았다."는 대답이 돌아왔다.[8]

흥미로운 이야기는 지금부터다. 일반인들과 달리 전두엽이 손상된 환자들은 거의 대부분이 연구원의 이 터무니없는 행동들을 따라 했다. 그것도 한 치의 어긋남도 없이, 열이면 열 동작 모두 말이다. 그중 남성 환자들은 전혀 놀라거나 부끄러워하는 기색도 없이 연구원을 따라 남들 앞에서 벽에 오줌을 누었다. 연구원을 정확히 따라 할 수 없을 때(가령 접거나 씹을 종이가 없을 때)도 그들은 종이가 없다는 사실이 무색할 정도로 '완벽히' 따라 하는 모습을 보였다.[9] 다음은 연구 논문의 일부를 발췌한 것이다.

실험이 끝난 뒤 인터뷰에서 전두엽 손상을 입은 환자들은 모두 연구원의 몸짓을 기억해 냈다. 이것을 따라 한 이유를 묻자 연구원이 그런 행동을 했고, 그것을 모방해야 한다고 느꼈기 때문이라고 대답했다. 행동을 따라 하라는 지시가 없었음을 재차 알려주자, 그들은 연구원이 그런 몸짓을 했기 때문에 따라 했어야만 하는 것 아니냐고 되물었다. 하지만 따라 하지 말라고 구체적으로 알려 준 뒤에도 대부분의 환자들은 여전히 같은 모방 행동을 보였다.[10]

전두엽이 손상된 환자들은 자신의 의지와 상관없이 연구원의 행동을 모방해야만 했다(심지어 따라 하지 말라는 지시를 받았을 때도 말이다). 전두엽이 손상을 입으면 잠재의식을 제어하는 능력을 잃어버리는 것으로 추측된다. 그리고 이렇게 발현된 잠재의식은 마치 완전히 다른 존재, 하나의 기계와도 같다. 실험에서 또 한 가지 흥미로운 점이 있었다. 정상적인 피험자들은 연구원의 몸짓 중 일부를 잊어버린 반면 전두엽이 손상된 환자들은 몸짓을 하나도 빠짐없이 기억하고 있었다는 점이다. 이는 건강한 전두엽(다시 설명하건대 바로 이 부위에 전전두엽이 있다)이 잠재의식의 패턴 인식에 맞춰져 있는 우리의 초점을 조금이나마 다른 곳으로 유도하고, 어떤 행동을 억제하거나 실행하게 만든다는 것을 의미한다. 우리가 전전두엽을 '관리자'라고 부르는 까닭이 바로 여기에 있다.

전전두엽은 자동화된 행동을 관리, 감독하며 뭔가 개선할 여지가 있으면 개입을 한다. 그렇다면 이번에는 반대로 기저핵이 제대로 작동하지 않으면 어떤 일이 벌어질까?

프로그래밍된 뇌:
좋은 습관을 '자동화'하는 방법

기저핵은 하나의 개체로 작용하는 한 무리의 핵으로서 습관 형성과 절차 학습에서 중심적인 역할을 한다. 하지만 연구를 통해 밝혀졌듯이 우리의 뇌는 여러 부위가 매우 복잡한 방식으로 상호작용한다. 따라서 기저핵을 '뇌에서 습관 형성을 전적으로 담당하고 있는 부위'[11]라고 따로 떼어 보기는 어렵다. 신경학은 우리에게 매우 큰 도움을 주기도 하지만 뇌가 어떻게 작용하는지는 여전히 완벽하게 설명하지 못한다. 그렇다고 해서 신경학이 우리를 속이고 있다거나 부정확하다는 말은 아니다. 그저 어마어마하게 큰 미스터리의 내부를 살짝 들여다보고 있는 과학의 한 분야일 뿐이라고 생각하는 게 맞겠다.

뇌의 내부 구조는 너무나도 복잡하고 정교하기 때문에 현대 과학은 아직도 갈 길이 멀다. 그런 의미에서 기저핵이 습관 형성에서 주된 역할을 맡고 있다는 점을 아는 것은 매우 유용하다. 이 사실을 경험과 실험, 분별력과 결합하여 이용한다면 뇌의 구조에 대한 부족한 지식도 우리의 성장을 도울 강력한 조력자가 될 수 있다.

앞서 전두엽 기능 저하 혹은 손상 환자들에 대한 레르미트의 연구는 뇌의 실행 기능, 즉 바람직하지 못한 일들도 로봇처럼 아무 생각 없이 하는 것을 방지하는 기능이 얼마나 중요한지 보여 준다. 그런데 반대로 기저핵이 손상을 입거나 제대로 기능하지 못하면 어떤 일이 벌어질까? 이를 다룬 연구도 물론 있다. 연구 결과에 따르면 기저핵이 손상을 입거나 제 기능을 못하는 사람은 습관을 가질 수 있는 능력을 잃는다고 한다.[12]

이 연구에서 연구진은 세 유형의 사람들, 즉 건강한 사람, 파킨슨병 환자, 기억력에 문제가 있는 사람들을 실험 대상으로 했다. 그중 파킨슨병 환자 같은 경우는 세포가 파괴되어 신경전달물질인 도파민을 기저핵까지 전달하는 데 어려움을 겪는다. 이로 인해 파킨슨병 환자들은 기저핵의 기능이 크게 저하된다.

실험은 다음과 같이 진행되었다. 연구진은 피험자들에게 다양한 모양이 그려져 있는 네 장의 카드를 주고는 각각의 카드가 비를 의미하는지, 아니면 햇빛을 의미하는지 맞혀 보라고 했다. 의식적으로는 카드와 결과 사이에 관계를 만들어 생각하기가 매우 어려웠지만 카드에는 잠재의식적으로 감지할 수 있는 아주 미묘한 패턴이 들어 있었다.

연구진은 피험자들에게 각각 50번씩 카드의 의미를 맞히게 했다. 그 결과 정상인들과 기억력을 잃은 환자들 모두 실험을 반복할수록 점점 점수가 나아져서, 처음에는 맞힐 확률이 50퍼센트였지만 마지막에 가서는 65~70퍼센트까지 높아졌다. 그들의 잠재의식이 비와 햇빛을 암시하는 패턴을 알아본 것이다. 반면 파킨슨병 환자들은 우연의 확률인 50퍼센트에서 올라갈 줄을 몰랐다. 건강한 기저핵의 도움을 받지 못한 상태에서 그들의 뇌는 패턴을 알아보지 못한 것이다(따라서 이들은 새로운 습관을 만드는 것도 어렵다).

습관과 관련해 크게 단순화해서 보았을 때 뇌는 의사결정을 내리고 실행하는 부분과 패턴을 알아보고 자동적인 행동을 하도록 지시하는 부분으로 나뉜다. 전전두엽의 관리 기능은 역동적이면서도 외부 자극에 민감한 반응을 보이는 반면 많은 양의 에너지와 의지력을 잡아먹는다. 반대로 기저핵의 자동화 기능은 효과적인 동시에 효율적이다. 이 기능을 통해 우리는 에너지를 절약하는 것은 물론 지속적인 감시를 필요로 하지 않는 단순한 일들을 처리할 수 있다.

그러면 이제는 또 다른 중요한 사안으로 넘어갈 차례다. 어떻게 우리는 뇌의 이 두 부위를 통해 다양한 일들을 일관성 있게 처리할 수 있을까? 어떤 행동이 습관으로 자리 잡기 전 우리를 움직이는 것은 '동기'와 '의지력'이다. 하지만 다음 장으로 넘어가기 전에 동기에는 작별을 고하자. 이제 동기는 더 이상 필요하지 않기 때문이다.

제3장

의지력, 습관을 완성하는
가장 확실한 방법

"승자와 패자를 구분하는 단 한 가지는
승자는 실행하는 사람이라는 점이다."

-앤서니 라빈스

이 장을 시작하기에 앞서 우선 동기부여(motivation)라는 것에 대해 내가 느끼고 있는 분노부터 마음껏 표출하려 한다. 하지만 그렇다고 해서 무조건 동기를 버리고 의지력을 전략으로 삼아야 한다는 이야기를 하려는 건 아니다. 실제로 동기와 의지력, 이 두 전략은 서로 밀접한 관련을 갖는다. 그리고 이 장에 깔린 전제가 '동기=나쁜 것'은 아니다. 하지만 오래 지속시키고자 하는 변화를 꾀할 때 동기는 믿을 만한 전략이 못 된다. "빨리 작은 습관 이야기나 하시죠."라고 말하기 전에 잠깐 내게 설명할 시간을 주기 바란다. 먼저 다음 쪽의 그래프를 보자. 이 그래프는 의지력과 동기 사이의 관계를 분명하게 보여 준다.

그래프를 보면 동기가 x축이고 의지력 비용은 y축이다. 동기가 최고에 이르렀을 때(오른쪽 하단) 의지력 비용은 0 혹은 매우 미미한 지경이다. 이미 진심으로 하고 싶어 하는 일을 할 때는 억지로 그 일을 할 필요가 없기 때문이다. 그러나 동기가 0으로 떨어지고 내적으로 강한 거부감이 들 때는 의지력 비용이 크게 올라간다(그래프의 왼쪽을 보면 의

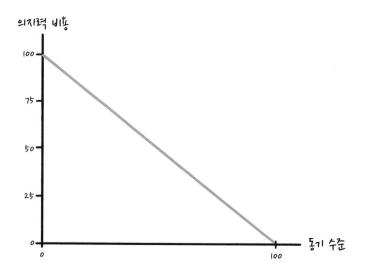

지력 비용이 100, 동기 수준이 0이다).

뒤에 의지력을 다루는 부분에서 이 둘의 관계에 대해 더 자세히 설명할 것이다. 지금으로서는 뭔가를 하고 싶은 동기나 의욕이 없을 때 의지력 비용이 급격히 치솟는다는 사실만 알면 된다. 그리고 의지력 비용이 높을 때는 어떤 행동을 오랫동안 지속하거나 이를 습관으로 만들기가 어려워진다.

자, 그러면 이제 당신과 나를 괴롭혀 온 동기 전략에 대해 본격적으로 살펴보도록 하자. 이 '동기부여'라는 변화 전략은 장기적으로 볼 때 아무런 효과도 없으면서 무수히 많은 자기계발 서적들이 마치 진리처럼 따르고 있는 주제로, 성공적인 변화를 원하는 수많은 사람들의 삶을 망치고 있다.

'동기 만능주의 신화'의 수많은 문제들

스스로에게 동기를 부여하는 것이 효과가 있을까? 이 질문에 답할 때마다 나는 부글부글 부아가 치밀어 오른다. 때로는 하루에 한 시간씩 운동을 하거나 글을 4장 정도 쓸 수 있는 의욕을 몸속 깊은 곳에서 찾아낼 수도 있다. 하지만 대부분은 포기하고 낮잠을 자거나 텔레비전을 보거나 맥주를 마시게 될 때가 더 많을 것이다. 이는 정말이지 큰 문제다. 위 질문에 나는 이렇게 대답한다. 동기와 의욕이 당신의 전략이라면 결코 습관을 만들 수 없다. 우리는 습관이 꾸준한 반복을 필요로 한다는 것을 알고 있다. 앞서 카드로 날씨를 맞히는 실험에서 사람들은 열 번째 시도에 이르러서야 패턴을 알아보기 시작했다. 그리고 뇌가 어떤 행동을 인지하기까지는 그보다 훨씬 더 오래 걸린다.

내 말을 오해하지는 말기 바란다. 동기와 의욕은 우리에게 많은 이득을 가져다줄 수 있는 매우 중요한 감정이다. 하지만 이건 보너스일

뿐이다. 즉, 생기면 고마운 것으로 여겨야 한다. 지금 이 글을 읽는 당신이 어떤 목표를 달성하기 위해 동기부여 전략이나 의욕 고취에 전적으로 의존하고 있을 수도 있다. 그래서 지금부터 나의 목표는 당신이 그것을 포기하도록 설득하는 것이다. 그 누구도 아닌 바로 당신 자신을 위해 동기와 의욕이라는 전략은 그만 내려놓기를 진심으로 바란다. 그 이유가 바로 여기에 있다.

동기는 믿을 수 없다

동기는 믿고 의지할 수 없다. 그것이 당신의 감정과 느낌을 바탕으로 하고 있기 때문이다. 인간의 감정이 유동적이고 예측 불가능하다는 사실은 이미 몇 세기에 걸쳐 증명되었다. 너무나도 많은 것들이 당신의 감정을 바꿔 놓을 수 있다. 주변에서 벌어지는 다양한 일들뿐만 아니라 혈당, 우울감, 호르몬 변화, 건강 상태, 외부 자극, 에너지 수준, 신념, 고양이가 토해 놓은 것 등, 그 무엇이든 당신의 감정을 바꿀 수 있다는 말이다.

그렇게 변덕스럽고 불안한 것에 자신의 기대와 희망을 걸고 싶은가? 건물이든 계획이든, 그 토대가 갖춰야 할 가장 중요한 원칙은 바로 견고해야 한다는 것이다. 하지만 동기와 의욕은 마치 흐르는 물 위에 집을 짓는 것과 같다(제발 여기서 수상가옥을 언급하지는 말자. 내가 어렵게

동기를 믿고 의지하기엔 변수가 너무 많다.

생각해 낸 비유를 다 망쳐 버린다).

　누구나 기운이 없을 때는 힘든 하루를 보낼 수 있다. 뭔가 생산적인 일들을 하고자 하는 의욕도 함께 낮아진다는 뜻이다. 동기를 전략으로 삼았다면 이럴 때는 동기부여 동영상이나 혼잣말로 외치는 파이팅, 혹은 잠시 기운을 내게 해주는 다양한 응원 도구에 의존할 수밖에 없다.

　또 이런 문제도 있다. 동기부여 전략을 쓸 때는 단순히 뭔가를 하겠다는 의욕을 느껴야 할 뿐만 아니라 그것을 다른 무엇보다도 '간절히' 원해야 한다. 즉, 과자를 먹으며 텔레비전을 보는 것보다 운동을 하고 싶은 마음이 더 커야 한다는 말이다. 이는 정말로 쉽지 않은 일이다. 그러니 아주 가끔씩 성공하는 데 그칠 수밖에 없다.

우리 몸에 좋은 행동(생 브로콜리를 먹고, 12킬로미터씩 달리고, 다시 브로콜리를 먹는 것 같은 행동)은 쉽게 의욕이 생기는 일이 아니다. 생 브로콜리와 운동이 가져다주는 단기적 보상(몸에 좋은 일을 했다는 기쁨)과 소파에 누워 아이스크림을 먹으며 영화를 보는 것을 비교해 보자. 당신은 어느 쪽을 선택하겠는가? 나라면 후자를 하고 싶어 하는 마음이 언제나 더 클 것이다.

언제나 동기 충만한 상태가 되고 싶지도 않을 것이다

성장을 위한 동기부여 이론은 보통 다음과 같이 흘러간다. '만일 당신이 진정으로 뭔가를 하고 싶다면 그것을 하려고 스스로에게 강요할, 즉 의지력을 이용할 필요도 없을 것이다!' 맞는 말이다. 동기가 충만하다면 뭔가를 하기도 쉽고 의지력도 별로 필요치 않다. 이 장 초반에서 본 그래프를 기억하는가? 의욕이 꽉 차 있을 때는 의지력 비용이 0이다. 누구나 처음에는 이것이 최고의 전략처럼 보인다. 여기에 의지력이 한정된 자원이라는 사실(이는 뒤에서 다룰 것이다)을 감안하면 더욱 더 그렇다. 이렇게 생각하면 동기 전략도 이론적으로는 매우 바람직하게 보인다. 하지만 "장미에는 가시가 있다."는 말도 있듯이, 아무리 좋아 보이는 것이라도 문제는 있기 마련이다.

문제는 바로 이것이다. 원하는 대로, 원하는 만큼 동기와 의욕을 높이는 것은 쉽지 않다(때로는 거의 불가능하다)는 점이다. 멀리서 찾을 필요도 없이 자신의 경험만 돌이켜 봐도 알 수 있다. 피곤하거나 두통이 있을 때, 기분이 좋지 않을 때, 아니면 그저 다른 더 재미있는 일을 하고 싶을 때 스스로에게 의욕을 불어넣기가 쉬웠는가? 어떤 행동이 가져다줄 이득에 초점을 맞추는 것만으로 자신이 원하는 바를 쉽게 할 수 있다는 말은 정말이지 우리가 가진 감정의 힘과 영향력을 너무 쉽게 무시하는 처사다.

생각만으로 감정을 바꾸기는 정말 어렵다. 동기 전략으로 성공을 거둘 수 있을 때는 우리가 에너지와 건전한 마음가짐으로 가득 차 있을 때, 다른 유혹이 전혀 없을 때뿐이다. 그러나 실제로 목표를 실천해야 할 때, 그리고 그 순간의 시나리오가 훨씬 불리하게 느껴질 때는 "그냥 내일 하지 뭐."가 되어 버린다.

나 역시 얼마 전 정말 피곤하고 두통이 심했을 때, 세상 그 어떤 동기 부여 슬로건이나 건전한 생각도 날 책상 앞으로 불러들여 이 책을 계속 쓰게 하지는 못했다. 아니, 나는 나에게 동기를 부여하고 싶지도 않았다. 그저 자고 싶었을 뿐이었다. 하지만 다행히도 나는 동기에 의존하지 않았다.

이처럼 자신에게 동기를 부여할 힘이 없을 때, 도대체 왜 없는 의욕을 끌어모아야 하는지 이해할 수 없을 때도 많을 것이다. 자, 너무 짜증 내지 말고 내 말을 천천히 잘 생각해 보자. 내 말은 '운동을 하고 싶다'는 의욕이 생기는 것 자체를 원치 않을 때가 있다는 뜻이다. 동기를 바탕으로 하는 사고 전략을 가지고 실제로 행동을 취하기까지 얼마나 많은 산을 넘어야 하는지 감이 오는가? 동기 전략은 단순히 뭔가를 하는 것이 아니라 그것을 '매우 하고 싶어야만' 한다. 때로는 스스로에게 동기를 부여하기 위해 없는 의욕을 긁어모아야 할 때도 있다. 말 그대로 정말 미친 짓이 아닐 수 없다.

스스로를 동기와 의욕으로 가득 채우고 싶은 마음이 없는데도 이를 전략으로 삼고 있다면 당신은 시작도 하기 전에 이미 실패한 것이나 다름없다. 그리고 당신의 습관은 뿌리를 내리기도 전에 말라 죽고 말 것이다.

우리의 감정과 행동은 언제나 일치하지 않는다

스스로에게 동기를 부여하는 것이야말로 원하는 일을 실천하고 삶을 더욱 향상시킬 수 있는 '바로 그 길'이라고 수많은 자기계발 작가

들은 앵무새처럼 읊어 댄다. 덕분에 여기에 의문을 제기하는 사람들은 별로 없다. 표준 절차가 되어 버린 것이다. 그래서 동기부여를 표방하는 웹사이트들이 넘쳐나고, '동기유발 전문가'라는 사람들의 강연이 연일 성황을 이루며 '동기 만땅'을 원하는 사람들이 그런 웹사이트와 강연장을 풀방구리에 쥐 드나들 듯 방문한다. 물론 아무것도 하지 않는 것보다는 나은 전략임을 인정한다. 하지만 아무것도 하지 않는 것보다 나은 전략을 과연 전략이라고 부를 수 있을까?

예를 들어 우리가 바라 마지않는 대로 운동이라는 결과가 나오려면 보통 세 가지 원인, 즉 동기, 의지력, 습관이 먼저 있어야 한다. 보통 행동은 동기와 의지력 두 가지의 결합에서 나오지만 우리는 주로 둘 중 하나에만 의존하려는 경향을 보인다. 또, 하기 싫어도 해야만 한다고 (의욕이고 동기고 도무지 생기지 않을 때는 결국 이런 결론이 나곤 한다) 주문을 외듯 중얼거리면서 억지로 의욕을 짜내려 노력하는 희한한 변종 방법도 있다.

그중에서도 매우 유해한 습관이 있다. 바로 실천을 하기 위해 스스로에게 의욕을 불어넣어야만 한다고 믿는 것이다. 물론 자신에게 동기를 부여하고 '싶을 때'는 문제가 되지 않는다. 그런데 '아무것도 못하겠다'는 생각이 들면 어떻게 할 것인가? 이것이야말로 게으름의 악순환으로 빠져들기에 딱 좋은 방법이다. 게으른 생활을 하다 보면 점점 더 게으른 생활을 하고 싶어지고, 그렇게 게으름만 피우면서 동기부여 법칙을 따르려고 하면 계속해서 게으른 생활을 할 수밖에 없다. 탈출구가 아예 없는 것이다.

동기부여가 행동보다 선행한다는 그릇된 개념이 우리의 머릿속에 너무나도 깊이 뿌리내리고 있다는 점이 문제다. 우리의 감정과 행동은 언제나 일치하지는 않는다. 그러다 보니 우리를 더욱 옥죄고 좌절하게 만드는 삶의 방식이 만들어진다.

열정 체감의 법칙은 동기 전략을 실패로 이끈다

동기부여를 통해 하루 두 시간씩 책을 읽을 수 있다고 해보자. 그것도 3주 연속 하루도 빠짐없이 할 수 있다고 하자. 그 정도 시점이면 하루 두 시간 책을 읽는 습관이 아주 미약하지만 자리를 잡아 가고 있다고 말할 수 있다. 그러나 바로 이때 당신은 동기부여라는 전략에 의존하고 있기 때문에 이 중요한 과도기가 성장의 끝이 되고 말 가능성이 매우 높다.

'열정 체감의 법칙'이란 실제 존재하는 법칙이 아니라 내가 만든 말이다. 그래도 이 이름의 본래 주인이라 할 수 있는 '한계효용 체감의 법칙'과 비슷한 점이 많다. 이 경제 법칙에 따르면 피자를 다섯 조각 먹는다고 했을 때 처음 한두 조각은 맛있게 먹지만 세 번째 조각은 그보다 맛이 덜하고, 네 번째, 다섯 번째 조각으로 갈수록 덜 맛있게 느껴진다. 행동 반복의 원칙 또한 이와 비슷하다.

어떤 행동이 습관으로 완전히 정착되기 전 과도기를 거치는 동안에는 그 행동에 대해 초반에 느꼈던 거부감이 적어지는 것을 느낄 수 있다. 심지어 그 일이 단순하고 지루하게 느껴지기까지 한다. 내 말 믿어도 좋다.《굿바이 작심삼일》(Making Habits, Breaking Habits)의 저자 제레미 딘(Jeremy Dean)은 "습관은 인지의 레이더망만 피하는 것이 아니다. 감정적인 면에서도 그렇다. (…) 습관에 따라 행동하는 것은 희한하게도 '감정'이 연루되지 않는다."[13]고 했다. 웬디 우드 교수와 그의 연구진 역시 텍사스 A&M 대학교에서 실시한 실험을 통해 이와 같은 현상을 발견했다. 실험에 참가한 사람들이 습관적인 행동을 할 때는 마치 작정이라도 한 듯이 그 행동에 대해 별다른 감정을 느끼지 않았던 것이다.[14]

뭔가를 실천하기 위해 동기가 필요하다는 사고방식 자체가 습관을 형성하는 데 방해가 되는 이유가 바로 이 때문이다. 반복되는 행동에 대해서는 자극을 느끼기 어렵다. 그 행동에 대한 감정은 점점 무뎌진다. 습관이 주는 장점 중 하나가 바로 거부감이 적어지고 점점 자동화된다는 점이다. 딘은 이렇게 말하기도 했다. "강한 감정을 자아내지 않는다는 것이 습관적인 행동이 주는 혜택 중 하나다."[15] 전적으로 옳은 말이다. 감정에 조금이라도 의존하는 순간 그 전략은 전혀 믿을 만한 게 못 되기 때문이다.

뭔가를 시작한다는 가벼운 흥분감은 처음에는 자신을 도와주는 아군이 되지만 시간이 흘러 즐거운 기분이 가시고 뭔가 잘못되었다는 생각이 들기 시작하면 아주 버거운 적군이 된다. 하지만 처음부터 동기와 감정에 기대지 않으면 이런 위험을 크게 줄일 수 있다.

열정을 갖는 것은 좋다. 하지만 그런 마음가짐은 행동을 실천하라는 신호가 아니라 단순한 보너스로만 여기도록 하자. 그보다는 뭔가를 하기로 선택하고, 그것을 하는 것이 훨씬 낫다. 그것이 기복 없는 견고한 기반이 되어 주기 때문이다. 언뜻 직관에 반하는 것처럼 느껴질 수 있겠지만, 시간이 조금 흐른 뒤 열정이 감소하는 현상은 행동의 통제권이 더욱 안정적이고 자동화되어 있는 기저핵으로 옮겨 가고 있다는 바람직한 신호다.

이 예측 가능한 열정의 감소는 새해가 시작되어 2월이 되기도 전에 많은 사람들이 운동을 포기하는 이유 중 하나다. 성공적으로 운동을 계속하고 있으면서도 '이상하게 점점 의욕이 떨어지네.'라는 생각이 들면서 더 이상 헬스클럽에 가지 않게 되는 것이다. 왜 의욕이 느껴지지 않는지 그 이유를 이해한다면 오히려 기운을 더 내어 운동을 계속하게 될지도 모르겠다.

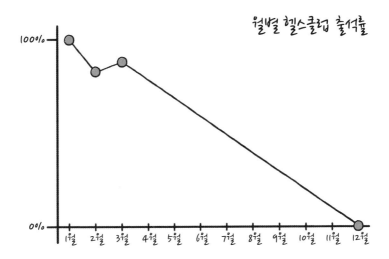

월별 헬스클럽 출석률

100%

0%

1월 2월 3월 4월 5월 6월 7월 8월 9월 10월 11월 12월

예측 가능한 열정의 감소는 많은 사람들이 운동을 포기하는 이유 중 하나다.

삶을 이끌어 가는 주된 전략으로서 의욕과 동기는 적절한 선택일 수도 있다. 하지만 의지력에 비교하면 형편없는 선택이다. 의지력이야말로 최고의 전략이다. 그럼에도 불구하고 사람들은 대부분 사용하는 방법을 잘 몰라서 이 의지력을 너무나도 빨리 고갈시키고 만다.

지금까지 내가 한 말에 너무 걱정하지는 말라. 그래도 앞으로의 일상을 즐길 수 있을 것이다. 우리는 언제까지고 감정과 느낌을 지닌 인간일 것이다. 앞으로 다시는 감정을 느끼지 말라는 말이 아니다. 그저 감정 때문에 일을 망치지 말라는 것뿐이다.

의지력이
동기를 능가할 수 있는 이유

지금까지 동기부여 전략을 실컷 비난했다. 그래서 이제부터는 동기와 의욕을 더욱 키우는 방법을 설명하고자 한다. 모순처럼 들릴지 모른다. 그러나 나는 동기 자체가 잘못되었다고 비난하는 것이 아니다. 이 책을 쓰기까지는 나 역시 기본적인 수준의 동기가 필요했다. 다만 이 동기와 의욕이 개인의 성장에서 마치 유일한 해결책인 것처럼 광고되면서 온 동네를 누벼 왔다는 점이 문제다.

예를 들어 내가 당근으로 암을 치유할 수 있다고 선전했다고 하자. 당근은 건강에 좋은 음식이지만 그렇다고 해서 누군가의 암세포를 모조리 없애 주지는 않는다. 암을 치료하지 못한 사람이 "당근을 먹었지만 병이 낫지 않았어요."라고 반발하면 나는 "그건 당신이 당근을 충분히 먹지 않았기 때문이에요! 당신은 진정으로 병이 낫기 위한 조치를 취하지 않는군요."라고 말하면 끝이다. 바로 이런 식으로 당근(동기)은 그 누구도 건들 수 없는 신성한 영역이 되어 버린다.

작은 습관이라는 의지력 전략은 동기부여에 큰 도움이 된다. 하지만 동기는 바람직한 것이면서도 믿고 의지하기 어렵다는 단점이 있다. 지금까지 내가 알아낸 바에 따르면 의지력을 사용할 때 동기를 더욱 믿을 수 있게 된다. 실행을 먼저 하면 동기도 빠르게 생겨난다. 억지로라도 의지력을 가지고 먼저 실천하는 것이 애초에 없는 의욕을 끌어내려 안간힘을 쓰는 것보다 낫다. 그 이유는 다음과 같다.

첫째, 의지력은 믿을 수 있다

믿을 수 없는 감정을 기반으로 하는 동기부여 전략과 달리, 의지력은 극도로 안정적이어서 믿고 의지할 수 있다. 무슨 일이 있어도 뭔가를 해내고야 만다면 그건 믿을 만한 일이다. 물론 그렇게 할 수 있도록 스스로를 강제로 밀어붙일 수 있을 때의 경우지만 말이다. 그리고 우연찮게도 다음에 나올 두 가지 이유로 의지력은 더욱 믿고 의지할 수 있는 대상이 된다.

둘째, 의지력은 쏠수록 더 강력해진다

동기나 의욕과 달리 의지력은 근육처럼 더욱 강하게 만들 수 있다. 자제력 연구 분야의 저명한 학자 로이 바우마이스터(Roy Baumeister) 교수는 1999년의 한 연구를 통해, 2주 동안 자세를 바르게 하기 위해 의지력을 발휘한 학생들은 자세 교정을 위해 노력하지 않은 학생들에 비해 "차후에도 자제력에 뚜렷한 발달을 보였다."고 발표했다.[16] 또 다른 연구에서는 두 달 동안 에어로빅 프로그램에 참여한 사람들이 이와

관련 없는 다른 분야에서도 더욱 높은 자제력을 보였음을 확인했다.[17]

이는 자기계발 분야에서 캐낸 금맥이나 다름없다. 스스로를 더욱 개선할 수 있는 능력을 노력을 통해 강화시킬 수 있다는 사실이 밝혀졌으니 말이다. 반면 처음에도, 그 이후에도 효과가 없는 전략을 계속 시도하는 것은 시간만 낭비하는 셈이다. 동기부여라는 전략도 때로는 효과가 있으므로 뭐라 단정하기는 어렵다. 그러나 동기를 이용해 얻은 장기적 결과를 보면 꾸준히 비슷한 결과를 창출하지 못하고 있음을 확인할 수 있을 것이다.

동기와 의욕이란 쉽게 끌어올릴 수 있는 게 아니다. 우리의 감정은 언제 어떻게 변화할지 모르기 때문이다. 기르던 개가 죽으면 기분이 우울해질 수밖에 없다. 피곤하거나 기분이 나쁠 때는 운동하고 싶은 마음이 싹 달아난다. 그러나 의지력은 다르다. 감정적인 고통이나 자신감 부족, 저조한 컨디션, 혹은 체력 저하로 인해 거부감이 들 때도 목표를 실행에 옮길 수 있게 해준다.

셋째, 의지력 전략은 일정에 따라 조정할 수 있다

의욕과 동기에 의존한다면 정해 놓은 스케줄을 지키기가 어려울 수 있다. 글을 써야 할 시간이 되었을 때 의욕이 솟구칠지 아닐지 누가 장담할 수 있는가? 동기란 예측 불가능할 뿐 아니라 우리의 하루 일과표와도 친하지 않다.

하지만 의지력을 발휘하면 원하는 일을 할 시간을 정해서 그때 의욕이 솟든 안 솟든 그 일을 마칠 수 있다. 이렇게 하면 일관성을 얻을 수 있고, 습관 형성이나 일정 관리 측면 모두에서 매우 유리한 위치에 서게 된다. 습관은 '할 수 있을 때 글을 쓰자'라든가 '사정이 허락할 때 운동을 하자' 같은 두루뭉술한 계획으로는 만들 수 없다. 목표로 삼은 일을 달력에 적어 놓고 반드시 해내야만 한다. 이것은 동기가 아닌 의지력을 필요로 하는 일이다.

자, 이제 중요한 질문이 남았다. 그렇다면 어떻게 해야 의지력을 이용해 일관된 성공을 꾸준히 얻을 수 있을까? 이 질문에 답하기 전에 먼저 의지력에 대한 과학적 사실들을 정리하고 넘어가자.

의지력에도 관리가 필요하다

한때 의지력이 무한한 자원이라고 여겨진 적이 있었다. 뭔가를 간절히 원하기만 하면 그것을 얻는 데 필요한 만큼의 의지력을 가질 수 있다고 말이다. 그런 인식이 바뀐 것은 1996년, 앞서 언급한 로이 바우마

이스터 교수가 다소 잔인한 실험을 했을 때였다.[18]

바우마이스터 교수는 67명의 사람들을 한 방에 모이게 한 뒤 군침이 흐를 정도로 맛있어 보이는 갓 구운 초콜릿칩 쿠키의 향을 방 안에 주입시켰다. 그런 다음 그는 쿠키와 다른 초콜릿 디저트 몇 가지를 방으로 가지고 들어왔다. 그리고 바로 이 시점에서 잔인한 만행을 저질렀다. 방 안에 있던 일부 사람들에게만 초콜릿 과자를 나눠 준 것이다. 나머지 사람들에게는 과자 대신 씹으라며 무 몇 조각만 주었다! 나는 생무를 좋아하지만 그 실험에서 과자를 받지 못한 사람들이 얼마나 괴로웠을지는 능히 짐작하고도 남는다.

이 연구에 참여한 과학자들은 실험에서 무밖에 먹지 못한 참가자들 중 꽤 많은 수가 "초콜릿 과자에 뚜렷한 관심을 보이면서 앞에 놓인 과자를 간절히 바라보거나, 심지어 일부는 과자를 집어 들고 냄새를 맡기도 했다."고 재미있다는 듯 기술해 놓았다(내가 이 실험이 잔인하다고 한 진짜 이유다!).

그런 다음 연구진은 초콜릿을 먹은 사람들과 무를 먹은 사람들 모두에게 퍼즐을 주고 풀게 했다. 무를 먹은 사람들이 집중력을 발휘한 시간은 초콜릿을 먹은 사람들에 비해 절반도 미치지 못했다. 그들은 몇 번 시도하지도 않고 금세 포기해 버렸다. 쿠키 대신 무를 먹은 것만으로도 퍼즐을 풀기 위해 머리를 굴려 보겠다는 의지가 모두 소진된 듯

했다. 바우마이스터 박사는 이 현상에 '자아 고갈'(ego depletion)이라는 이름을 붙였다. 이 획기적인 연구에서 얻은 결과를 입증하는 다른 연구들도 이후 수십 건이나 발표되었다.

의사결정 역시 의지력을 고갈시킨다

무만 탓할 일은 아니다. 또 다른 자제력 연구에서는 하루 중 일찍 어려운 의사결정을 내린 사람들은 나중에 자제력을 잃고 유혹에 굴복할 가능성이 높다는 것이 증명되었다.[19] 의사결정도 의지력과 같은 에너지 자원을 공유하는 모양이다. 전전두엽을 이용하는 것이면 무엇이든 이런 결과를 가져올 수 있다고 생각된다. 전전두엽이 단기 기억과 현재의 사고를 관장하기 때문이다. 하지만 힘든 의사결정을 내리는 것이 나중에 아이스크림을 먹고 싶은 걸 참는다든지, 잠들기 전에 운동을 하겠다는 다짐에 악영향을 줄 수 있다니 조금은 놀라운 일이다.

이는 한 가지 중요한 의미를 갖는다. 즉, 우리 자신을 효과적으로 변화시키려면 자제력을 최대한 많이 비축해 놓아야 한다는 뜻이다. 이 내용을 여기에 포함시킨 이유는 우리가 미처 생각지 못한 다른 많은 것들이 우리의 의지력을 갉아먹을 수 있다는 사실을 알려 주기 위해서다. 결국 작은 습관 전략에 숨어 있는 기본 철학이 더욱 중요해질 수밖에 없다.

의지력 메타 분석의 중요성

메타 분석이란 정해진 주제를 둘러싼 많은 연구들로부터 중요한 결론을 이끌어 내기 위해 '연구를 연구하는 방식'을 말한다. 메타 분석은 개별 연구에 존재할 수 있는 오차와 예외적 결과들을 매끄럽게 다듬는다. 수천 명의 실험 참가자들에게 올바른 방식으로 실시한 수십 건의 실험에서 공통적인 결과가 나왔다면, 그 데이터는 믿을 수 있고 새로운 뭔가를 밝혀 주며 우리에게 유용할 가능성이 매우 높다고 할 수 있다.

2010년 자아 고갈을 다룬 83건의 연구에 메타 분석이 실시되었다.[20] 자아 고갈이란 의지력 혹은 자제력의 고갈과 근본적으로 같은 의미를 갖기 때문에 이 책에서는 이 세 가지 용어를 구분 없이 사용하고자 한다. 이 메타 분석을 통해 찾아낸 자아 고갈의 가장 큰 원인 다섯 가지는 노력의 정도, 어려움에 대한 과대평가, 부정적 정서, 주관적 피로, 마지막으로 혈당 수치였다. 이 다섯 가지 요인은 의지력 전략을 이용해 성공을 추구할 때 우리의 앞길을 막는 다섯 가지 장애물이라고도 할 수 있다. 그러면 의지력을 다 소진한 뒤에는 어떻게 해야 할까? 그때부터 희망이란 없는 것일까? 분석에 따르면 동기를 높이기 위한 보상책, 자제력 기르기 훈련, 포도당 보충을 통해 자아가 고갈된 사람들의 자제력을 조금이나마 높일 수 있었다.

이런 내용은 어떻게 하면 의지력을 최선으로 관리할 수 있는지에 관해 상당한 정보를 제공한다. 그러면 이 장에서 살펴본, 삶에 건강한 습관을 더하기 위해 작은 습관을 형성하고자 할 때 필요한 동기와 의지력에 관한 핵심을 다시 한 번 정리해 보자.

- 새로운(혹은 습관이 아닌) 행동은 맨 처음 동기나 의지력을 이용해 시작된다.
- 동기는 의존하기 힘들므로 습관을 형성하기 위한 전략으로는 적절하지 않다.
- 의지력은 믿고 의존할 수 있다. 단, 그것이 고갈되지 않았을 때의 이야기다.
- 의지력 고갈을 야기하는 다섯 가지 주요 원인은 노력의 정도, 어려움에 대한 과대평가, 부정적 정서, 주관적 피로, 혈당 수치다.
- 이 다섯 가지 장애물을 극복할 수 있다면 건강한 습관을 형성하는 데 성공할 것이다.

다음 장에서는 우리가 지금까지 논의한 것들과 작은 습관이 얼마나 잘 맞아떨어지는지 직접 확인해 볼 것이다. 일단은 의지력 고갈을 가져오는 이 다섯 가지 요인들부터 시작해 보자.

제4장

당신의 한계를 넓혀 주는
작은 습관의 힘

"우리가 반복적으로 하는 행동이
바로 우리가 누구인지 말해 준다.
그러므로 중요한 것은 행위가 아니라 습관이다."

-아리스토텔레스

작은 습관 프로젝트의 핵심은 매일 하기에 부담없는 사소한 전략적 행동을 하나에서 네 가지 정도 강제로 실행하는 것이다. 이런 행동들은 너무 소소해서 실패조차 힘들고, 특별한 일이 생기는 경우에도 건너뛰지 않을 만큼 작은 것이어야 한다. 이런 행동은 두 가지 목적을 수행한다. 바로 당신이 그 이상을 하도록 유도하는 것, 그리고 그 행동이 습관이 되도록 만드는 것이다. 지금부터는 작은 습관 전략이 지금까지 우리가 알아낸 원칙들에 어떻게 들어맞는지 살펴보도록 하자.

작은 습관을 위협하는 다섯 가지 요인

자아 고갈에 대한 한 연구에서는 의지력이 한정되어 있다고 믿는 것과 의지력이 실제 고갈되는 것 사이에 일종의 상관관계가 있음을 밝혀

냈다.[21] 의지력에는 한계가 없다고 생각하는 사람들은 자아를 고갈시키는 행동을 하면서도 더 오래 버틴 것으로 나타났다. 처음에 나는 이런 결과가 작은 습관 전략에 반하는 것처럼 보였다. 나의 전략이 '의지력은 한정적이다'(메타 분석에서 나타난 것처럼)라는 가정을 바탕으로 세워진 것이기 때문이다. 하지만 더 생각해 보자, 이런 가정 하에서도 작은 습관 전략은 실패할 수 없다는 것을 깨닫게 되었다. 지금부터 그 이유를 설명하겠다.

먼저 내가 세운 가정처럼 의지력에 정말로 한계가 있다고 가정해 보자. 그렇다면 작은 습관은 정말 작게 시작하기 때문에 의지력을 아낄 수 있다. 두 번째, 이번에는 의지력에 한계가 있다고 믿는 생각 때문에 한계가 생긴다고 하자. 이것은 작은 습관과 관련해 무슨 뜻이겠는가? 정말이지 좋은 소식이 아닐 수 없다! 작은 습관 전략을 실행하는 데는 거의 의지력이 필요하지 않기 때문에 오히려 자신에게 무한한 의지력이 있는 것처럼 믿게 된다.

금방이라도 터져 나갈 것처럼 온몸이 의지력으로 꽉 차 있는 기분이라면 작은 습관을 통해 바로 행동을 시작할 수 있을 뿐 아니라 마치 보너스처럼 엄청난 진전을 추가로 맛볼 수 있게 된다. 반대로 완전히 피로에 지치고 의지력이 바닥난 상태라 해도 걱정할 것 없다. 어쨌거나 의지력이 거의 필요하지 않은 작은 습관을 통해 원하는 일을 시작할 수도 있고, 그 시점에 가지고 있는 최대한의 능력을 발휘할 수도 있으니 말이다.

작은 습관이라는 이론에는 '어떤 경우라도 실천할 수 있다'는 신념이 내재되어 있다. 나의 경우 이 신념은 지금까지 한 번도 깨진 적이 없다. 작은 습관 하나를 실천하는 데 필요한 의지력은 정말이지 아주 미미해서, 그 정도도 끌어모을 수 없었던 적은 이제껏 없었기 때문이다.

지금부터는 앞서 언급한 대로 총 83건의 연구를 망라한 메타 분석에서 찾아낸 자아 고갈의 주된 이유 다섯 가지를 다시 한 번 설명하고자한다. 자아를 고갈시키는 가장 큰 이유 다섯 가지는 다음과 같다.

- 노력의 정도
- 어려움에 대한 과대평가
- 부정적 정서
- 주관적 피로
- 혈당 수치

작은 습관 전략이 의지력을 위협하는 이 다섯 가지 요인을 어떻게 완전히, 혹은 대부분 무력화시키는지 지금부터 알아보자.

노력의 정도

작은 습관은 실제로 매우 적은 양의 노력을 필요로 한다. 팔굽혀펴기를 한 번 하거나, 글을 2~3줄 쓰거나, 책 두 쪽을 읽는 것처럼 아주 쉬운 일을 하기만 하면 된다. 이때 목표했던 쉬운 일 이상으로 해낼 수 있는 양은 그때마다 다르다. 즉, 어떤 날은 더 많이 할 수도 있고, 그렇지 못한 날도 있다는 말이다. 이는 당신이 쉽게 지치거나 질려서 포기할 가능성을 크게 낮춰 주는 자연스러운 구조다. 나는 하루에 글을 2~3줄 쓰겠다는 목표를 정해 놓고 3장씩 쓴 날도 많았다. 물론 목표를 달성하기 위해 겨우 2~3줄을 넘길 정도만 쓰는 날도 있었다.

작은 습관 시스템은 전략적으로 엄격한 동시에 유동적이다. 처음에는 억지로라도 행동을 하게 만든다는 면에서 엄격하지만, 그 이후로는 무척 유동적이어서 이 전략을 따르는 사람이 추가로 얼마나 더 할지를 자율적으로 정하게 해준다. 하지만 처음 들이는 노력은 거의 의지력을 필요로 하지 않는다.

⇨ 작은 습관이 노력에 따른 자아 고갈에 미치는 영향 : 거의 없음.

어려움에 대한 과대평가

구조적으로 볼 때 작은 습관은 어려운 정도가 거의 제로에 가깝다. 이는 작은 습관 전략의 가장 기본적인 이득으로, 정해진 목표 이상을 달성하게 해준다. 내 경우는 30분간 운동하는 것이 도저히 넘을 수 없는 거대한 산처럼 느껴졌다. 이때 내 입장에서 인지한 운동의 어려움은 어마어마하게 컸다. 달리 말하면 내가 그 목표에 대해 '느끼는 어려움'이 실제 어려움보다 더 컸다는 말이다. 하지만 팔굽혀펴기 한 번으로 시작해서 한 번 더 추가하는 식으로 계속 해나가기로 결심했을 때, 똑같은 목표에 대해 인지한 어려움은 크게 줄어들었다. 어떤 일이든지 인지된 어려움을 줄이는 데 작은 습관만큼 좋은 방법이 없다.

어떤 일이든 일단 시작해서 계속 해나간다면 이미 시작했다는 사실에서 오는 심리적 영향력으로 인해 내가 느끼는 어려움의 정도는 훨씬 낮아진다. 물리학 법칙에서 보듯 어떤 물체를 움직이려면 그것이 움직이기 바로 직전에 가장 큰 힘이 들기 마련이다. 하지만 일단 움직이기 시작하면 가속이 붙어 적은 힘을 들이고도 쉽게 움직일 수 있다.

마찬가지로 아무리 작은 행동이라도 일단 시작하면 마음이 그것을 현실로 인식하게 된다. 이것은 매우 중요하다. 행동을 취하기 전에는 그것이 정확히 어떤 일이 될지는 모르고 상상만 할 수 있을 뿐이다. 처음 내가 생각한 30분 운동은 에베레스트 산을 오르는 것과 같았다. 하지만 내 생각은 틀렸다. 육체적 혹은 정신적 노력을 요구하는 행동의 경우 그것이 얼마나 어려울 것인지 극도로 과대평가하는 사람들이 많다. 하지만 처음 단 한 번의 팔굽혀펴기로 억지로나마 시작해 30분 운동을 마치고 나자, 처음 내가 생각했던 어려움이 얼마나 터무니없는 것이었는지 깨달을 수 있었다.

⇨ 작은 습관이 과대평가된 어려움으로 인한 자아 고갈에 미치는 영향 : 거의 없음(처음 목표보다 훨씬 많이 했을 때도 동일함).

언제나 첫 시작이 가장 어려운 이유는 실행과 약속이라는 어마어마한 무게가 거기에 실려 있기 때문이다. 어떤 일을 시작하고 나면 그것을 성공시키기 위해 어떻게든 본래의 목표를 달성해야만 한다는 생각을 하게 된다. 그래서 버겁게 느껴지는 일이라면 애초에 시작조차 하지 않으려 하는 것이다. 많은 사람들이 끝내지 못할 일은 시작도 하지 않으려 한다. 작은 습관이 그토록 쉬운 이유도 바로 그 때문이다. 목표 자체가 너무 작기 때문에 포기할 위험도 없다. 작게 시작해서 '어떤 일을 한다'는 현실에 일단 발부터 들여놓고 나면 그 첫걸음이 생각한 것만큼 어렵지 않다는 사실을 깨닫게 된다. 그러고 나면 그다음 걸음을 떼는 것도 그리 어렵지 않게 느껴진다.

부정적 정서

부정적 정서란 말 그대로 기분 나쁜 경험을 뜻한다. 앞서 쿠키와 무 실험에서도 부정적 정서는 매우 중요한 역할을 했다. 실험에 참가한 사람들은 초콜릿칩 쿠키의 향긋한 냄새와 그 모양에 유혹을 받았지만 엉뚱하게도 맛없는 무만 맛보는 데 그치고 말았다. 마치 쿠키를 줄 것처럼 보여줘 놓고 맛조차 보지 못하게 하는 건 무척 부정적인 경험이었다. 어쩌면 우리의 생각보다 훨씬 더 그럴지도 모른다.

하지만 작은 습관은 삶에 좋은 것을 더하는 게 목적이다. 그래서 당신의 행동이 또 다른 즐거움을 직접적으로 대체하는 것이 아닌 이상 작은 습관과 부정적 정서는 크게 연관이 없다. 즉, 무를 먹는 것 자체만으로는 의지력이 고갈되지 않는다. 그러나 이 경험이 초콜릿을 먹는 경험과 대비될 때는 의지력이 고갈되는 것이다.

⇨ 작은 습관이 부정적 정서에 따른 자아 고갈에 미치는 영향 : 일반적으로는 자아 고갈과 전혀 상관이 없다. 작은 습관이 어떤 즐거움을 대체한다고 할지라도 이때의 희생은 극히 미미하기 때문에 그로 인해 부정적 기분을 느끼지는 않을 것이다. 오히려 반대로 시간만 낭비하는 행동들을 긍정적인 행동으로 바꿀 경우가 많아서 당신에게 즐겁고 기분 좋은 경험을 선사할 것이다.

주관적 피로

그냥 피로가 아니라 '주관적 피로'라니, 흥미롭지 않은가? 이는 우리가 자신의 피로를 평가할 때 100퍼센트 객관적으로 판단할 수 없다는 말이다. 의지력은 정신의 싸움이다. 그리고 의지력을 앗아가는 다섯 가지 요인들과 관련해서 보면 이 싸움은 해야 하는 일에 대한 거부감과 그 일을 할 수 있다는 믿음 사이에서 벌어진다고 볼 수 있다. 그리고 이 정신의 싸움에서 피로가 쌓인다.

다행히 작은 습관은 아주 소량의 주관적 피로만 가져온다. 주관적 피로는 다양한 요인에 의해 결정되는데, 그중에서도 자신의 현재 위치가 목표에서 얼마나 가까운지 혹은 멀리 있는지에 대한 느낌이 상당히 큰 비중을 차지한다. 나는 목표가 클 때 내가 느끼는 주관적 피로가 심해지는 것을 발견했다. 타당한 이치다. 실제로 어떤 일을 실행하기에 앞서 그 일을 '생각'하는 것만으로도 다가올 수고를 미리 '내다보고' 그로 인한 영향을 받을 수 있다.

최근 발표된 한 연구에 따르면 인간의 상상력은 그 힘이 너무나도 강력해서 우리가 실제로 보고 듣는 것을 생각만으로도 바꿀 수 있다고 한다.[22] 그러니 앞으로 펼쳐질 수고로운 일을 생각하는 것이 우리의 에너지 수준에 직접적인 영향을 미칠 수 있다고 판단하는 것도 무리는 아니다. 이런 생각은 메타 분석을 실시한 학자들에 의해서도 뒷받침된다. 그들의 분석에 따르면 "자제력을 더 발휘해야 한다고 '생각'하는 것만으로도 자아 고갈이 더욱 가중되었다."[23] 나 역시 목표를 팔굽혀펴기 한 번으로 정했을 때 주관적 피로가 줄어드는 것을 느꼈다. 팔굽혀펴기 한 번을 하기에는 아주 충분한 에너지가 있다고 느꼈고, 아무리 작은 것이라도 뭔가를 '쉽게 할 수 있다'는 생각만으로도 기운이 솟는 것 같았다.

⇨ 작은 습관이 주관적 피로로 인한 자아 고갈에 미치는 영향 : 주관적 피로를 완전히 없애는 것은 불가능하다. 하지만 작은 습관은 주관적 피로를 완화시킬 수 있다. 작은 목표를 정하고 실행하면 그 긍정적 영향에 의해 힘과 에너지가 생겨나는 것을 느낄 수 있다. 나의 경우, 완전히 지쳤을 때도(물론 이 역시 주관적이다) 책 두 쪽을 읽거나 2~3줄 정도 글을 쓸 기운은 언제나 있었다. 겨우 그 정도 일에 무슨 가치가 있느냐는 의구심이 든다면 가치는 충분히 높다고 말해 주고 싶다. 작은 습관의 가치에 대해서는 뒤에서 더욱 자세히 이야기할 것이다.

혈당 수치

포도당(설탕)은 인간의 주된 에너지원이다. 혈액 내 포도당 수치가 떨어지면 매우 피로하다고 느끼게 된다. 그 수치가 위험할 정도로 낮아지면 정신을 잃을 수도 있다. 우리의 혈당 수치는 유전과 식습관, 생활 방식에 따라 정해진다.

작은 습관 역시 혈당에 따라 좌우될 수도 있지만 이는 우리의 의지력 에너지를 사용하는 가장 효율적인 방식이기 때문에 더 많은 에너지를 보존하는 데도 도움이 된다. 감당하기 힘든 큰일을 작은 일들로, 즉 정신적으로 쉽게 소화할 수 있고 스트레스가 덜한 일들로 잘게 쪼개는 것이 정신적 에너지 측면에서도 훨씬 효율적이다. 1년에 체중 50킬로 그램을 빼겠다는 목표를 생각해 보자. 생각만 해도 힘이 쭉 빠지고 부담감이 어깨를 짓누를 것이다(그리고 이런 목표는 살이 빠졌어도 여전히 뚱뚱보 같은 기분을 느끼게 할 수도 있다.)

그러면 대체 왜 이런 목표를 세우는 것일까? 하루 동안 아무리 열심히 운동을 해봤자 이는 거창한 최종 목표라는 거대한 양동이 안에 떨어진 한 방울의 물에 불과하다. 하루 치 운동을 최종 목표와 비교했을 때 거의 아무것도 아니라는 느낌이 들면 땀 흘려 운동을 하고 난 뒤에도 뿌듯함을 느끼기 힘들다.

하지만 목표를 작게 놓고 시작하면 의지력은 최대한으로 보존되고, 당신이 떼는 한 걸음 한 걸음이 성공처럼 느껴지며, 정해 놓은 작은 목표 이상을 실행하면 훨씬 더 기분이 좋아진다. 이것은 당신이 늘 승자라는 느낌을 갖게 해줄 시스템이다. 그리고 스스로 승자라고 느끼는 사람은 승자처럼 행동하게 되어 있다.

⇨ 작은 습관이 혈당 하락으로 인한 자아 고갈에 미치는 영향 : 작은 습관 역시 혈당의 영향을 받는다. 하지만 작은 습관은 에너지와 의지력 면에서 매우 효율적이고, 정신적으로도 힘을 실어 주기 때문에 그 어떤 목표나 전략보다도 혈당을 더 많이 보존시킨다. 그리고 혈당이

떨어져서 피곤할 때라도 우리가 잘게 쪼갠 그 작은 행동은 목표한 일을 쉽게 실행하도록 해준다.

작은 습관은 당신의 '컴포트 존'을 넓힌다

우리 모두에게는 각자의 '컴포트 존'(comfort zone, 스스로 편안하고 익숙하다고 느끼는 영역 혹은 활동 범위-옮긴이)이 있다. 이것을 커다란 원이라고 생각해 보자. 당신은 이 원 안에 있을 때 가장 편안함을 느낀다. 하지만 당신이 원하는 목표 중 일부는 그 원 밖에 있다. 원 밖에는 건강하고 지금보다 몸무게가 덜 나가는 당신이 있을 것이다. 아니면 당신이 직접 쓴 책이 있을 수도 있고, 읽고 싶은 책들이 있을 수도 있다. 부정적인 생각을 덜 하는 행복한 당신, 외식을 줄이고 집에서 몸에 좋은 음식을 직접 만들어 먹는 당신 등 각자가 원하는 모습에 따라 더욱 발전된 당신이 있을 수 있다. 그런데 이런 것들은 당신의 컴포트 존 바깥에 있다. 그것을 이루기 위해서는 약간의 불편함(discomfort)을 감수해야만(다시 말해 당신의 기저핵이 늘 따라가는 정해진 길을 벗어나야만) 하기 때문이다.

목표는 늘 컴포트 존 바깥에 있다.

이런 변화에 대처하기 위해 대부분의 사람들이 취하는 행동이 있다. 일단 뛰어들어 '성공하기 위해 필요한 건 무엇이든 하자'는 식의 전략을 써보는 것이다. 이는 컴포트 존을 훌쩍 벗어나는 곳까지 냅다 달려간 뒤 어떻게든 거기 붙어 있으려고 아등바등하는 것과 같다. 그러면 이때 뇌 속 잠재의식을 관장하는 부분에서는 이런 생각을 하게 된다. '이거 흥미로운걸. 하지만 이렇게 엄청난 변화는 정말 불편해!' 그래서 동기나 의지력이 더 이상 당신을 지탱해 주지 못하는 순간이 오면 거의 자동적으로 컴포트 존으로 돌아오게 되는 것이다.

작은 습관 전략은 마치 그 원의 가장자리를 따라 천천히 걷다가 경

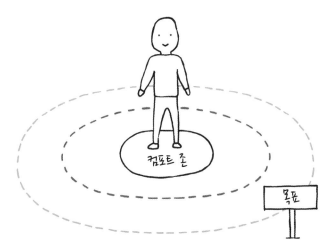

넓어진 컴포트 존

계 바깥으로 한 발짝씩 내디뎌 보는 것과 같다. 조금 불편한 영역에 있긴 하지만 그리 많이 나가지는 않았다. 언제든 한 발짝만 돌아오면 본래의 컴포트 존으로 돌아올 수 있음을 안다. 그리고 처음 몇 번은 정말 한 발짝 나갔다가 곧장 도로 원 안으로 들어온다(정해 놓은 최소 목표만 달성한다). 그러다 계속해서 원 밖으로 걸음을 떼면 당신의 잠재의식이 점차 편안함을 느끼게 되고 당신의 원은 점점 커지게 된다.

이런 영역 확장은 앞서 이야기한 '냅다 달려 나가기' 전략과 달라서 당신의 컴포트 존 경계를 영원히 바꿔 놓을 수 있다. 그것이 작은 습관이 부리는 마법이다. 또한 나는 당신이 첫 한 발짝을 뗀 뒤 계속해서 그 미지의 영역을 탐험하길 바라지만, 설사 그렇게 하지 않더라도 결국에 당신은 그 첫 발짝을 시작으로 새로운 습관을 들이게 되는 편안한 과정을 걷게 될 것이다. 이는 당신이 이후 더 많은 발걸음을 내디딜 수 있는 최고의 디딤돌이 될 뿐 아니라 개인적으로 성장할 수 있는 토대가 되어 줄 것이다.

팔굽혀펴기의 경우 가장 쉽게 정할 수 있는 작은 행동은 '하루에 한 번' 하는 것이다. 이 작은 시작은 당신이 생각하는 것보다 훨씬 더 광범위한 영향을 미친다. 그로 인해 당신은 팔굽혀펴기 한 번을 하는 데 편안함을 느낄 뿐 아니라 팔굽혀펴기라는 행위와 이를 매일 하는 것에 대해서도 더욱 긍정적으로 받아들이게 되기 때문이다. 그러면 앞으로 횟수를 늘려 가는 것도 식은 죽 먹기다. 정말이다. 아무리 게으른 사람이라도 최소 몇 번은 목표한 횟수 이상을 추가로 하게 되어 있다. 물리학 법칙으로도 입증된 사실이다. 뉴턴의 제1법칙을 살펴보자.

1. 멈춰 있는 물체는 외부의 힘이 가해지지 않는 한 계속해서 멈춰 있다.
2. 움직이는 물체는 외부의 힘이 가해지지 않는 한 같은 속도로 계속해서 움직인다.

연관성을 알겠는가? 일단 첫걸음만 떼면 당신은 공식적으로 움직이기 시작한 물체가 된다. 당신도 나처럼, 그리고 뉴턴의 법칙처럼 일단 시작만 하면 꾸준히 하는 것만큼이나 중간에 멈추는 것도 쉽지 않다는 사실을 깨닫게 될 것이다. 게다가 자신이 뭔가 행동하고 있음을 지켜보는 것만큼 동기와 의욕이 샘솟는 일도 없다. 이런 효과들이 합쳐지면 다음과 같은 새로운 공식이 만들어진다.

새로운 작은 걸음 + 원하는 행동 = 더 나아갈 확률의 증대

거부감의 장벽에 부딪히는 두 번의 순간들

예전에 버지니아에 살 때 고양이 한 마리를 키운 적이 있다. 눈이 내리던 어느 날, 집 안에서 지내기를 좋아하는 고양이가 눈에 어떤 반응을 보일지 궁금해졌다. 고양이는 물을 싫어한다. 그렇다면 펄펄 날리는 꽁꽁 언 물은 어떨까? 그 대답은 당연히 '싫어한다'였다.

첫 번째 시도: 마당으로 나가 고양이를 눈밭에 던졌다. 실패였다.

고양이는 잠깐의 미동도 없이 혼란스럽다는 표정을 짓더니 못마
땅하다는 표정으로 한달음에 달려 집으로 들어갔다.

두 번째 시도: 몇 시간이 지난 후 눈밭 가장자리에 고양이를 내려
놓았다. 성공이었다! 고양이는 눈 주변을 걸어 다니더니 심지어
살짝 눈을 밟아 보기도 했다.

우리의 뇌도 눈밭에 놓인 고양이와 다를 바가 없다. 혹시 필요하면
나의 이 말을 인용해서 써도 좋다. 뇌는 갑작스레 엄청난 변화를 맞닥
뜨리면 곧장 편안함을 느끼는 영역이나 일상으로 되돌아가려고 한다.
하지만 부드럽게, 조금씩 변화가 다가오면 겁을 먹는 대신 호기심을
느끼고 조금 더 탐험해 보려고 한다.

인간의 뇌는 변화를 거부하도록 만들어졌다. 그리고 그런 거부감을
느끼는 순간은 크게 두 가지로 나뉜다.

뭔가를 실행하기 전 우리는 거부감을 느낀다

스스로를 멈춰 서 있는 공이라고 생각해 보자. 뉴턴의 법칙에 비유
하면 '정지해 있는 물체'라 할 수 있다. 동기부여 기법에 따르면 우리
는 움직이기 전에 동기가 필요하다. 하지만 실제로는 어떨까? 일단은
한 1센티미터 정도 스스로의 힘으로 움직인 다음에 가속의 힘을 빌리

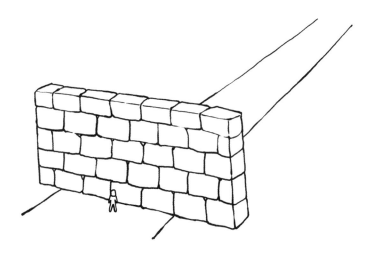

가장 처음 맞닥뜨리는 거부감의 장벽은 어느 정도인가?

는 것이 더 쉽지 않을까? 당연하다. 그것이 훨씬 더 쉽다! 공처럼 굴러갈 수 있도록 몸을 조금만 앞으로 기울여 보자. 일단 굴러가기 시작하면 아까의 공식이 움직이는 데 조금 더 유리한 공식으로 바뀐다. '움직이는 물체는 외부의 힘이 가해지지 않는 한 같은 속도로 계속해서 움직인다.'

우리가 원하는 것은 목표를 향해 최대한 많이, 그리고 최대한 자주 움직이는 것이다. 그렇게 하기 위해서는 최초의 움직임이 정말로 쉬워야 한다. 그것이 어떤 일에서든 가장 처음으로 맞닥뜨리는 거부감의 장벽이기 때문이다. 무슨 일이든 시작이 가장 어려운 부분이다. 하지만 그렇다고 해서 시작이 가장 힘들다는 뜻은 아니다. '가장 어렵다'는 말은 상대적인 표현이다.

첫 행동이 넌지시 콕 찌르는 정도의 아주 작은 움직임이라면 그에 따르는 거부감도 줄어든다. 일단 행동을 시작한 뒤에는 두 번째 거부감이 밀려온다. 이 두 번째 거부감의 기세는 당신의 첫 번째 걸음이 얼마나 큰 영향력을 지녔느냐에 따라 정해진다.

조금 더 하려고 할 때 우리 뇌는 고집을 부린다

작은 습관 전략은 시작에 필요한 행동을 최대한 작게 만들고, 목표 자체를 너무 소소해서 실패조차 힘들도록 만듦으로써 최초의 거부감을 줄여 준다. 그리하여 갑자기 눈밭에 던져진 고양이처럼 목표에 압도되어 당황하거나 화들짝 놀라 본래의 일상으로 되돌아가는 것을 막아 준다.

하지만 일단 행동을 시작하고 나면 또 한 번의 거부감이 몰려온다. 즉, 조금 더 하려고 할 때 거부감이 느껴진다. 그런데 내 경험에 비추어 봤을 때 첫걸음을 잘 떼면 이 두 번째 거부감을 완전히 없앨 수 있다. 특히 약간의 연습을 해본 경험이 있다면 말이다. 그러나 작은 습관을 처음 시작하는 사람의 경우에는 이 두 번째 거부감을 없애기가 그

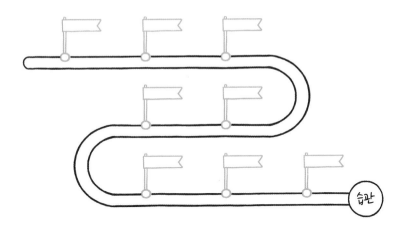

한 번에 한 걸음씩. 뇌를 거스르지 않고 변화를 이뤄 낼 수 있다.

리 쉽지 않다. 대체 그 이유는 무엇일까? 힌트는 우리의 뇌에 있다.

우리가 느끼는 거부감은 정체 모를 미스터리가 아니다. 이는 우리가 하는 전형적인 행동과 잠재의식이 빚는 마찰이다. 요령만 있으면 기저핵을 속여서 첫걸음에 거부감을 느끼지 않도록 만들 수 있지만, 당신이 정해 놓은 것보다 조금 더 하려고 하면 뇌는 금세 정신을 차리고 고집을 부리려고 한다. 따라서 첫 번째 걸음이 거부감을 없애기에 충분치 않다면 또 한 번 작은 걸음을 내디뎌라. 기저핵은 작은 걸음에 대해서는 경계심을 보이지 않는다. 오직 급격한 변화에만 방어하고 나선다. 천천히, 한 번에 한 걸음씩 변화한다면 뇌를 거스르지 않고 살살 달래 가면서 원하는 변화를 이뤄 낼 수 있다.

그래서 내가 팔굽혀펴기 1회의 도전을 통해 계속해서 작은 목표들을 세웠을 때 내 뇌가 참고 받아들여 준 것이다. 하지만 10분짜리 복근 운동을 통째로 할까 생각하자마자 내 뇌는 "아니, 절대로 안 돼. 비디오게임이나 하지 그래? 움직이는 건 절대 안 돼."라고 했다. 그래서 나는 "그러면 운동 매트만 꺼내면 안 될까?"라고 물었고, 내 뇌는 "그 정도는 괜찮아."라고 대답했다. 그다음부터 일이 어떻게 되었는지는 당신도 알 것이다.

정해 놓은 최소한의 목표보다 더 하고 싶은 상황이 온다면 계속해서 작은 걸음을 이용하기만 하면 된다. 하지만 그렇다고 해서 매번 더 하고 싶은 기분을 느끼리라 기대해서는 안 된다. 매일의 목표를 작게 정해 놓은 이유는 이제까지 충분히 설명했다. 단기적 성공을 위해 장기적 성공을 위협하는 일이 벌어져서는 안 된다. 물론 겁을 먹고 매일 너무 조금씩만 해서도 안 되므로 이 정도만 말해 두도록 하겠다. 당신의 작은 목표가 종이에 적어 놓았을 때도, 그리고 당신이 생각하기에도 작아 보인다면 적당하다.

자, 그러면 이번에는 작은 습관 전략이 어떻게 실생활에 적용되는지 알아보도록 하자.

거부감의 **장벽**을
넘어서는 **작은 도약**

　앞서 우리는 거부감을 느끼는 두 가지 경우(어떤 과업이나 프로젝트를 시작하기 전과 하는 도중)에 대해 이야기했다. 지금부터는 사람들이 흔하게 느끼는 거부감의 두 가지 유형, 즉 정신적 거부감과 신체적 거부감을 다룰 것이다. 우리는 동기만으로는 지속적으로 발생하는 거부감을 극복할 수 없다. 동기는 가끔씩 쓸 수 있는 해결책에 불과하다. 동기를 잘 설명해 주는 슬로건이 있다면 아마도 코미디 영화 《앵커맨》(Anchorman)에 나온 다음과 같은 우스꽝스러운 대사일 것이다. "100퍼센트 중 60퍼센트는 100퍼센트 효과가 있지."

　하지만 문제는 동기뿐만이 아니다. 의지력도 계획성 없이 써 버리면 똑같이 효과가 떨어진다. 부자가 되려면 돈을 똑똑하게 관리해야 하듯이 자기계발의 열쇠는 의지력을 똑똑하게 관리하는 데 있다. 우리는 매년 수백만 달러를 벌어들이는 스포츠 스타 선수들이 순식간에 알거지 신세로 전락하는 모습을 종종 보곤 한다. 반면에 적은 월급을 받으며 평범한 일을 하는 사람들이 현명하게 돈을 관리해서 억대 부자가 되는 모습도 보곤 한다. 습관을 형성하는 것도 이와 다르지 않다. 행동 전략을 미리 수립하지 않으면 효과도 없는 의지력과 동기 전략 사이에서 우왕좌왕하다가 결국 실패하고 만다.

지금부터는 작은 습관이 어떻게 정신적, 신체적 장벽을 극복하는지 살펴볼 것이다. 대부분 운동을 목표로 삼는 사람들이 많은 것을 감안해 여기서는 운동과 관련된 작은 습관을 들이는 과정을 예로 들었다.

시나리오 #1: 운동할 기운은 있지만 하고 싶지 않다(정신적 장애물)

동기부여 전략은 다루지 않을 것이므로 여기서는 의지력만을 이야기하겠다. 하지만 정해 놓은 긴 시간 동안 운동을 해야 한다고 말하는 대신, 팔굽혀펴기 한 번을 '반드시' 해야 한다고 스스로 말해야 한다. 이것은 필수다. 이 시나리오에서 당신은 기운이 있기 때문에 한 번 정도는 큰일도 아니다. 그리고 일단 시작하고 나면 대체로 더 하고 싶은 동기(의욕)가 생기는 것을 느끼게 된다.

이 시나리오에서 당신은 지금 당장 운동을 하고 싶지는 않지만 전반적으로는 운동을 꾸준히 하며 살기를 원한다. 지금 당장의 기분과 삶의 가치관이 다른 데서 오는 갈등이라 할 수 있다. 하지만 목표한 대로 팔굽혀펴기를 한 번 한다면 '때때로 운동을 하며 살고 싶다'는 전반적인 가치관에서 긍정적 자극을 받을 것이고, 이를 통해 당신이 이전에 느꼈던 망설임을 없앨 수 있다. 그렇지 않다면 그저 내가 처음 했던 팔굽혀펴기 1회의 도전에서 그랬듯이 운동 중간에 아주 작은 목표를 몇 가지 더 세우면 된다. 그런 식으로 스스로를 달래 가며 운동을 하다 보면 당신의 정신은 몸이 무슨 일을 하고 있는지 깨닫고 차차 그에 적응하게 된다. 그리고 그렇게 한 걸음을 뗄 때마다 장기적인 건강이라는 목표에 점점 더 다가가고 싶어질 것이다.

앞서 당신이 하고자 하는 일의 어려움에 대한 과대평가가 의지력에 매우 큰 영향을 미친다는 사실을 이야기했다. 그래서 '한심할 정도로 작게' 시작하면, 즉 작은 습관으로 시작하면 이 과대평가된 어려움과 의지력 비용이 대폭 떨어진다는 것에 대해서도 언급했다. 첫걸음을 내디디면 뇌는 '무척 괴로울 거야!'라는 선입견 가득하고 나태한 생각 대신, 정해진 운동량을 모두 채웠을 때 정확히 얼마나 어려울 것인지 계산하게 될 수밖에 없다. 운동을 마친 후 혹은 새로운 경험을 시도한 뒤에 '썩 나쁘지 않은데!' 같은 생각을 해본 적이 있다면 당신은 이미 이런 현상에 익숙해진 것이다.

그러면 작게 시작했는데도 의지력이 모자라서 지쳐 쓰러져 버린다면 어떻게 해야 할까? 이것이야말로 변화 전략 코치들이 가장 만나고 싶지 않아 하는 상황이다. 아무리 쥐어짜도 에너지라고는 없는 사람이면 어떻게 해야 할까? 오히려 심한 두통이 생기면? 작은 습관이 우리를 괴롭히는 모든 문제의 만병통치약이 될 것이라고 장담할 수는 없다. 하지만 나는 이것이 실천을 위한 최고의 전략이라고 믿어 의심치 않는다. 어느 상황에서든 효과가 있는 것이 존재한다면 그것은 바로 작은 습관이다.

시나리오 #2: 너무 피곤해서 운동을 못 하겠다(신체적 장애물)

피곤해지는 것을 우리는 신체적 장애물로 여기지만 이는 동시에 정신적 장애물도 될 수 있다. 기운이 전혀 없다는 것은 의욕이 전혀 없다는 뜻도 되기 때문이다. 나 역시 작은 습관을 통해 이와 똑같은 시나리오를 무수히 많이 극복했다. 예를 들면 나는 이 책의 내용 중 5쪽 이상을 심한 두통에 시달리고 있을 때 썼다. 두통이 오면 단순히 머리만 아프고 끝날까? 그렇지 않다. 나 같은 경우에는 피곤하기도 했지만 그저 자고만 싶었다. 글을 쓰겠다는 의욕은 전혀 없었고 기운도 거의 없었지만 그래도 하루의 목표인 2~3줄은 어떻게든 쓰고 말았다(이는 여차여차해서 2장으로 늘어났다).

여러 면에서 볼 때 팔굽혀펴기를 '한 번만' 하는 것은 오히려 한 번도 하지 않는 것보다 더 어려운 일이다. 생각해 보자. 팔굽혀펴기 한 번이라는 자신을 향한 도전은 너무나도 쉬운 나머지 자존심이 걸린 문제가 된다. '지금 기운이라고는 하나도 없지만 힘내! 이 정도는 할 수 있잖아?' 정말 한심할 정도로 쉬운 작은 습관의 요구 사항을 지키지 못하는 게 얼마나 터무니없는 일인지 자기 자신에게 계속 상기시켜야 한다.

내가 두통에 시달리면서도 생산적인 일을 할 수 있었던 것은 순전히 작게 시작했기 때문이었다. 처음 내 기분을 생각하면 말 그대로 불가능한 일처럼 느껴졌다. 그리고 예전에는 극심한 두통이라는 정말 좋은 핑계가 있는 상황에서 글을 쓴다는 것은 상상조차 하기 힘든 일이었다. 여느 때 같았으면 그쯤에서 고민을 그만두고 '나중에 꼭 하겠다'라고 미루고 말았을 것이다(나이가 들면서 '오늘'이란 '어제'의 나중이라는 사실을 깨달았다. 그리고 '나중에'라는 게 정말 나쁜 계획이라는 것도 알게 되었다). 포기하기에 정말 완벽한 조건 아닌가? 머리가 아프고, 밤이 늦었고, 금방이라도 쓰러질 것처럼 피곤한 상태다. 그 순간에는 방 안의 아늑한 침대가 나를 향해 달콤한 유혹의 말을 건네는 것 같았다. "네가 잠든 모습이 얼마나 아름다운지 알아, 스티븐?" 침대가 섹시한 목소리로 날 불렀다. 동태눈처럼 흐려진 내 눈동자는 군침을 흘리면서 따뜻하고 포근한 이불을 바라보았다. "금방 갈게, 자기야." 나는 나도 모르게 대답하고 있었다.

하지만 내가 목표로 했던 작은 습관은 너무나도 쉬웠기에 1분만 시간을 내서 후다닥 끝내고 자야겠다고 생각했다. 그런데 이후 벌어진 일은 놀라웠다. 난 2~3줄이 아닌 2장을 쓰고야 말았다. 깜짝 놀랐다. 그러면서 작은 습관이라는 이 전략이 얼마나 강력한 것인지 또다시 깨닫게 되었다.

작은 습관을 적용하면 자신이 마치 질주하는 급행열차, 누구도 감히 멈출 수 없을 정도로 폭주하는 열차가 된 것 같은 기분이 든다. 왜 작은 습관이 거의 모든 사람에게 좋은 습관을 심어 줄 수 있는 훌륭한 전략이라고 말하는지 알겠는가? 도저히 목표를 실천할 만한 상황이 아닐 때에도 의지력이 정말로 형편없는 나 같은 사람도 목표를 달성할 수 있다면 그것이야말로 최상의 전략이다. 또한 이 전략은 내 경험뿐 아니라 의지력의 과학에 기반을 두고 있다. 작은 습관은 최소한의 의지력을 발휘해 최대한의 가속도를 얻도록 만들어져 있다. 정말이지 완벽한 시나리오가 아닐 수 없다.

작은 습관은 그 누구의 삶에도 적용할 수 있다

당신은 바쁘게 사는가? 하고 싶은 일, 해야 하는 일에 파묻혀 도무지 어떻게 하면 좋을지 모르겠다는 기분을 자주 느끼는가? 당신의 삶에 적용할 전략을 고를 때 가장 중요하게 고려해야 할 점은 그것이 부담 없이 실천할 수 있을 정도로 당신의 삶에 잘 들어맞느냐다. 습관을 다루는 많은 책들이 한 번에 한 가지 습관을 기르는 데 집중하라고 권한다. 물론 옳은 말이다. 제한된 우리의 의지력은 한 번에 많은 습관을 들이지 못하기 때문이다. 하지만 대체 누가 오직 한 분야에만 6개월씩 투자하면서 그 외 다른 분야는 깡그리 무시하고 싶겠는가?

습관은 무척 중요하다. 그래서 6개월이라는 긴 시간을 투자할 가치가 있기는 하다. 하지만 몸매를 가꾸고 싶은 마음도 굴뚝같은데 글쓰기에만 집중하기도 퍽 답답한 일일 것이다. 현재 초점을 맞춰야 할 분야와, 그와 똑같이 계발하고 싶은 다른 분야 사이에서 갈등이 생길 때 우리는 집중력을 잃고 탈선하기 쉽다. 이 부분은 그동안 해결책이라곤 존재하지 않았던, 거의 무시당하기만 했던 중요한 문제였다. 하지만 이젠 다르다.

작은 습관은 너무나 사소하고 의지력도 거의 필요로 하지 않기 때문에 한 번에 여러 가지 습관을 기를 수 있다. 그렇다. 하루 종일 너무 바빠서 정신 못 차리는 사람도 여러 가지 작은 습관을 성공시킬 수 있다. 이 작은 습관을 하루의 기초가 되는 행동이라고 생각해 보자. 무슨 일이 있어도 해야만 하는 일이라고 말이다. 하지만 모두 합쳐 봐야 단 몇 분이면 끝날 일들이다. 그 일을 마친 다음에는 무엇이든 하고 싶은 일을 해도 된다. 목표를 초과 달성하든, 다른 일을 하든 그것은 상관없다. 작은 습관은 매우 유동적이어서 현재 당신의 삶의 방식에 무리 없이 맞춰 끼워 넣을 수 있다. 비유하자면 이미 용접되어 굳게 닫힌 문을 뜯어 열 수 있는 지렛대나 마찬가지다. 아주 작은 힘을 들여 당신의 삶에서 아주 크고 멋진 결과를 얻을 수 있기 때문이다.

제5장

작은 습관만의
작지만 위대한 차이

"승리하는 군대는
먼저 승리할 기반을 갖춰 놓은 뒤 전쟁을 벌인다.
패하는 군대는
일단 전쟁을 일으키고 이길 방도를 찾는다."

−《손자병법》중에서

당신의 삶을 바꿔 주겠다고 호언장담하는 수많은 전략들과 이 책에서 말하는 작은 습관은 어떤 점에서 차이가 있을까? 작은 습관 전략은 어떻게 기존의 다른 방법보다 더 효과적으로 습관 형성에 도움을 줄까? 궁금해 할 독자들이 많을 것이라 생각한다. 그래서 이 장에서는 그에 대한 답변을 준비했다.

작은 습관만의 경쟁력: 당신은 포기하지 않는 사람이 된다

습관을 바꾸려 하는 사람들을 대상으로 한 많은 연구들은 대부분 실망스러운 결과를 내놓았다.[24] 어떤 습관이 일정 수준으로 굳어지면 제아무리 강한 결심을 하더라도 바꾸기가 힘들다는 것이다. 하루라는 시간을 두고 보면 우리는 생각보다 훨씬 많이 습관적인 행동을 하고 있고, 이런 습관들은 새로이 건전한 습관을 만들려는 우리의 노력을 방해하기 마련이다.

하지만 작은 습관이 다른 습관 형성 전략과 비교해 단연 앞서는 것이 있다면 바로 그 경쟁력이다. 한번 생각해 보자. 새로운 행동을 습관으로 만드는 것은 마치 아무런 훈련도, 준비도 없이 역도 시합에 나가는 것과 같다. 그런 당신에 비해 경기장에는 이미 쟁쟁한 경쟁자들이 무수히 출전해 있는 상태다. 그들은 당신보다 실력이 입증되었고, 경험도 많으며 힘도 훨씬 세다. 당신이 그런 그들을 상대로 곧장 좋은 성적을 낼 리는 만무하다.

그런데 대부분의 습관 형성 프로그램들은 여기서부터 잘못 출발한다. 이런 강자들, 즉 이미 단단히 형성되어 있는 기존의 습관들과 대등한 입장에서 곧바로 경쟁할 수 있다고 잘못 알려 주기 때문이다(미안한 말이지만 나는 지금 금연과 TV 끊기라는 결심을 두고 400달러 내기를 한 상태다).

이런 프로그램들은 글이라고는 하루에 한 글자도 안 쓰는 상태에서 하루 3장 분량의 글을 쓰거나, 매일 소파에 누워만 있다가 하루 한 시간씩 운동하는 엄청난 변화를 당장에 시작할 수 있다고 주장한다. 이런 주장의 문제는 바로 의지력 비용을 고려하지 않은 데 있다. 이는 어마어마하게 튼튼한 자기 기강이라는 근육을 갖추지 못한 보통 사람에게는 전혀 통하지 않는 말이다. 당신에게 전혀 유리하게 돌아가지 않는 수학 공식이다. 십중팔구는 금세 지쳐 포기하고 말 것이다(그리고 나는 400달러를 딸 것이다!).

우리의 뇌는 큰 변화를 거부한다. "일자리를 얻고 싶다면 열려 있는 문에 발부터 들이밀라."는 말을 들어 본 적이 있는가? 작은 습관도 이와 비슷한 개념이다. 단, 회사에 들어가는 대신 뇌 속으로 들어가야 한다는 점만 다를 뿐이다. 나는 뇌가 입장료를 받는 일종의 통제실이라고 생각한다. 잠재의식을 관장하는 뇌는 우리가 하고자 하는 일을 하나하나 살펴본 뒤 통제실에 들어가기 위해 필요한 의지력을 입장료로 내라고 요구한다. 우리가 하루에 쓸 수 있는 돈, 즉 의지력은 한정되어 있지만 일단 통제실에 들어가기만 하면 소기의 목적은 달성한 셈이다.

그런데 작은 습관은 의지력을 거의 필요로 하지 않는 트로이의 목마와 같아서 입장료를 거의 내지 않고도 뇌의 통제실로 쉽게 들어가고 큰 결과를 낸다. 나는 '팔굽혀펴기 한 번 하기'를 처음 시도했을 때 이 사실을 깨달았다. 이것은 내가 매일 운동을 할 때 항상 첫 번째로 하는 동작이었다. 그래도 운동을 해야 하는 것에 거부감을 느끼지는 않았다. 왜냐하면 내 뇌에 운동을 30분, 혹은 팔굽혀펴기를 30번 해도 되겠느냐고 부탁하지 않았기 때문이다.

작은 습관만의 경쟁력: 스스로를 믿게 된다

당신이 행동과학 연구 논문을 자주 읽는 사람이 아니라면 '자기효능감'(Self-efficacy)이라는 표현이 매우 낯설게 느껴질 것이다. 자기효능감이란 어떤 결과에 영향을 미칠 수 있는 '자신의 능력에 대한 믿음'을 뜻한다.

2년에 걸친 무작위 실험에 따르면 기본적인 자기효능감이 운동을 시작하고 꾸준히 지속하는 데 상당한 영향을 미친다고 한다.[25] 이것은 병을 치료할 목적으로 운동을 할 필요가 있는 사람뿐 아니라 단순히 운동을 하고 싶어 하는 사람에게도 적용된다(물론 건강을 유지하기 위해서는 우리 모두 운동을 해야 한다). 논문에서는 "환자들이 운동과 관련해 자기효능감이 향상된 경우 운동 처방을 지킬 확률이 높아졌다."[26]고 밝혔다.

자기효능감은 목표를 달성하고 습관을 형성하는 데 도움을 주지만 심리학자 앨버트 밴두러(Albert Bandura)는 다음과 같이 말한다. "필요한 능력이 부족할 경우에는 기대만으로 원하는 성과를 거둘 수 없다."[27] 즉, 자기 자신을 믿는 것만으로는 충분치 않다는 말이다. 하지만 우울증, 약한 의지력, 반복되는 실패 등으로 고생하는 사람들은 대체로 기본적인 자기효능감이 부족한 것을 볼 수 있다. 실패할 것이라고 생각한다면 긍정적인 결과가 나오기 힘든 법이다.

작은 습관은 자기효능감을 생산해 내는 기계와도 같다. 무엇보다도 중요한 것은 자기효능감이 전혀 없는 사람도 성공적으로 시작할 수 있다는 점이다. 매일 성공을 거듭하다 보면 자기도 모르게 자기효능감이 상승한다. 매일 팔굽혀펴기를 한 번씩 하다 보면 자신이 팔굽혀펴기를 하루에 최소 한 번 이상 할 수 있는 사람이라는 사실을 어찌 믿지 않을 수 있겠는가? 지금 이 문장을 읽는 동안에도 너끈히 할 수 있는 일이다. 그리고 연습을 통해 자기효능감을 강화하는 것도 마찬가지다. 작은 습관은 자기 자신을 믿는 연습도 될 수 있다.

명심하라. 당신의 뇌는 당신이 반복하는 일은 무엇이든 고수하려고 한다. 많은 사람들이 스스로 정한 목표에 도달하지 못할 것이라고 생각하는 데서 문제가 생긴다. 시간이 흐르면 이런 생각은 자기효능감을 완전히 망가뜨리게 된다. 다음번에는 달라질 것이라고 믿기가 힘들어지기 때문이다(특히 지난번에 실망스러운 결과를 안겨 줬던 전략을 또 쓴다면 말이다).

당신 역시 절망감에 빠져 있었다면 당신에게도 이런 일이 벌어졌기 때문이다. 하지만 당신도 분명 해낼 수 있다. 나는 동기나 의욕을 불러일으키려고 이런 말을 하는 것이 아니다. 그저 논리에 따르는 것뿐이다. 당신도 긍정적인 발전을 충분히 이룰 수 있다. 그러지 못하리라고 생각하는 것은 당신이 스스로 할 수 없다고 믿도록 그렇게 자신을 훈련시켰기 때문이다.

작은 습관은 새롭게 시작할 수 있는 완벽한 길이다. 앞으로는 거창한 목표에 겁먹을 필요가 없다. 목표에 도달하지 못했다고 죄책감에 휩싸일 필요도, 못난 패배자가 된 것 같은 기분을 느낄 필요도 없다. 이번 만큼은 매일매일 성공을 거둘 것이다. 비록 작은 성공이지만 말이다. 그러나 패배 의식에 사로잡힌 사람에게는 이 작은 승리 하나도 엄청나게 크게 느껴지는 법이다.

어쩌면 지금 당신은 이런 생각을 하고 있을지도 모른다. '하루에 팔굽혀펴기를 한 번 하거나 글을 두세 줄 쓴다고 해서 대체 무엇을 할 수 있다는 말인지? 겨우 그만큼 해가지고는 나 자신을 발전시키기에 턱없이 모자라잖아.'

하지만 아니다. 당신의 생각은 틀렸다. 어떤 행동이든지 간에 작은 행동 하나가 습관으로 굳어지는 것은 중요하다. 그것도 아주 많이 중요하다. 습관은 인간이 가질 수 있는 가장 강력한 행동의 기반이다. 팔굽혀펴기를 하루에 한 번 하는 습관이, 어쩌다 30번씩 하는 것보다 훨씬 낫다. 오로지 습관만이 시간이 흐름에 따라 더 강하게, 더 높이 쌓일 수 있다.

또 원한다면 언제든 정해 둔 목표 이상의 것을 해도 된다. 나는 이제 거의 매일 목표를 초과 달성하고 있다. 글쓰기도 하루 2~3줄만 쓰는 날은 거의 없다. 하지만 이는 하루에 반드시 해야 하는 목표인 2~3줄을 쓰고 끝내느니 차라리 3장을 쓰고 싶기 때문이다. 작은 습관을 시작하기 전까지만 해도 하루에 단 한 글자도 쓰지 못한 날도 많았다. 아이러니하게도, 글을 많이 쓰고 싶다는 나의 야심이 글 쓰는 것을 더 부담스럽게 만들었다. 하지만 지금은 예전에 비해 최소 세 배에 달하는 분량의 글을 쓴다. 이제는 내가 시작하는 것을 겁내지 않기 때문이다. 또, 2~3줄이라고 정해 놓은 최소한의 목표도 정말 마음에 든다. 단 몇 분만 들여 2줄만 쓴 날도 목표를 달성했다고 할 수 있다니, 정말로 힘이 나는 일 아닌가.

딱 2~3줄만 쓰자고 계획을 세워 놓고 5장을 쓴 날도 많았다. 앞서 말한 것처럼 한번은 두통이 심하고 기운이 없었는데도 2장을 써냈다. 그리고 나니 마치 내가 슈퍼맨이 된 것 같은 기분이 들었다. 기운이 펄펄 넘치면서도 그냥 시간만 낭비하던 과거를 돌이켜보고 두통과 피로에 시달리면서도 목표를 초과 달성한 날과 비교해 보았다. 정말 나 자신도 믿기지 않는 놀라운 변화였다. 이 책을 조금이라도 빨리 세상 사람들과 나눠야겠다는 생각이 들었다.

작은 습관만의 경쟁력: 자율성을 부여한다

2012년 미국인과 캐나다인 411명을 대상으로 한 직업 만족도 조사에서 65퍼센트의 사람들이 자신의 직업에 만족하지 못한다고 응답했다.[28] 나는 이런 결과가 나오는 이유가 직원들에게 권한을 위임하지 않고 직원들을 통제하려는 오래된 경영 마인드에 있다고 생각한다. 또 다른 연구에서는 자율성, 즉 자신에게 통제할 능력과 의사결정 능력이 있다고 믿는 것이 그 사람의 직업 만족도를 좌우하는 주된 요인이라는 사실이 밝혀졌다. 유럽 근로조건감시국(The European Working Conditions Observatory)이 덴마크에서 실시한 한 설문 조사에 따르면 "업무상 의사결정의 자유가 큰 남자 직원들은 약 90퍼센트, 여자 직원들은 약 85퍼센트가 높은 업무 만족도를 보인 반면, 업무상 의사결정 자유가 적은 사람들 중에 높은 업무 만족도를 보인 사람은 56퍼센트에 불과했다."[29]

이는 만고불변의 진리를 보여 주는 실질적인 사례라 할 수 있다. 사람은 남의 조종을 받는다고 느끼면 제대로 행동하지 못한다. 우리는 그런 상태를 정말로 싫어한다. 어쩌면 자율성이 자유와 크게 연관이 있기 때문인지도 모르겠다.

바로 이런 면에서 수많은 자기계발 서적이 문제가 될 수밖에 없다. 그런 책들은 자신이 원하는 것을 갖기 위해서는 피땀을 흘려 노력해야 한다고 말한다. 하지만 피땀을 흘려야 한다는 말 자체가 마음속으로 최소한 어느 정도는 그 일을 정말로 싫어한다는 뜻이 아닐까? 누구라도 더 나은 사람으로 변화하는 힘든 과정을 겪어 내고 있는 자신에게 전보다 더 잘해 주고 싶지 않을까?

또 한편에는 이와 정반대의 의미에서 문제가 있는 자기계발 서적들이 있다. 바로 독자들을 기분을 맞추기 위해 듣기 좋은 말과 동기부여를 위한 헛소리, 그 밖에 아무런 도움도 안 되는 말들만 늘어놓는 책들이다. 그런 책을 읽으면 그 순간만은 의욕이 샘솟을지도 모른다. 하지만 이미 앞에서 이야기했듯이 기분과 의욕에 기대는 것은 장기적으로 볼 때 좋은 전략이 아니다.

이 책을 읽어 나가면서 원하는 목표로 향하는 여정에서 당신은 작은 습관의 가벼움을 사랑하게 될 것이다. 하지만 작은 습관은 어떤 체계적인 구조 같은 것도 없는 호락호락한 시스템이 아니다. 그렇다고 해서 잔뜩 의욕만 부풀리는 판에 박힌 시도인 것은 더더욱 아니다. 작은 습관을 시도하게 된다면 자신이 직접 정한 매일의 목표, 혹은 매주의 목표를 세우고 엄격히 지켜야만 한다. 하지만 그 목표는 너무나도 쉬워서 그 일을 수행하는 와중에도 당신의 뇌는 이 새로운 계획의 조종을 받는다고 느끼지 않을 것이다(이것은 매우 중요하다!). 그런 다음에, 그러니까 정해 놓은 작은 목표를 지키고 난 다음에는 그냥 자신이 원하는 것을 하면 된다.

죄책감을 느낄 필요 없이, 거창한 목표의 묵직한 부담감에 괴로워할 필요 없이 그저 이 건전한 행동을 자유롭게 탐색하면 된다. 그로써 습관을 만들어 나가는 과정이 더욱 즐거워질 것이고, 이는 과학적으로도 증명된 작은 습관의 강점이다!

자율성은 우리 안에 내재된 동기를 활성화시킴으로써 효과를 낸다. 한 연구에 따르면 사람이 자신에게 주어진 일이 재미있고 의사결정에 자유가 있다고 느끼면(지루하거나 싫증나거나 어려운 것이 아니라고 느끼면) 더 끈질기게 그 일을 할 수 있다고 한다.[30] 자율성이 더 나은 결과를 내는 사례로 언급된 것들로는 고도비만 환자들의 체중 줄이기, 흡연자의 담배 끊기, 당뇨 환자들의 혈당 수치 조절하기 등이 있었다.[31] 이 연구를 발표한 학자들은 나아가 자율성이 일에 대한 생각과 만족도에 미치는 영향력 또한 확인했다.

하기 쉽고 자유롭다는 특성이, 그래서 스스로 조절 가능하다는 특징이 작은 습관에서 매우 중요한 부분임을 당신도 곧 알게 될 것이다. 매일 하기로 정해 놓은 작은 목표를 달성한 다음에는 무엇이든 원하는 일을 할 수 있다.

작은 습관만의 경쟁력:
추상적이든, 구체적이든 반드시 목표를 이루게 된다

목표에는 두 가지 종류가 있다. 바로 추상적인 목표와 구체적인 목표이다. 예를 들면 추상적인 목표는 '부자가 되고 싶다' 같은 것이고, 구체적인 목표는 '오늘 오후 3시까지 레모네이드를 팔아서 15달러를 벌고 싶다' 같은 것이다. 대부분의 사람들은 반드시 구체적인 목표를 세워야 한다고 말하지만 자신의 추상적인 인생 목표와 가치관을 제대로 파악하는 것 역시 중요하다.

추상적인 사고는 추상적 목표를 세우는 데 도움이 되는 반면, 구체적인 목표를 세우는 데 꼭 필요한 자기 조절을 방해할 수 있다. 마케팅 전문가인 아파르나 라브루(Aparna Labroo) 교수와 바네사 M. 패트릭(Vanessa M. Patrick) 교수가 발표한 논문은 기분이 우리의 사고에 어떤 영향을 미칠 수 있는지 잘 보여 준다.[32] 두 사람은 연구에서 사람의 기분을 조종할 수 있는 다양한 기법(예를 들어 사람들에게 "살면서 가장 행복했던 날 혹은 가장 불행했던 날을 떠올려 보라"라고 요구하는 식으로)을 통해 추상적인 사고나 선호도를 측정했다. 총 다섯 번의 실험을 통해, 이들은 행복감이 사람들로 하여금 추상적으로 생각할 수 있도록 해준다고 결론 내렸다. 이런 추상적인 사고는 우리가 전체적인 큰 그림을 볼 수 있도록 도와주지만, 구체적인 사고를 필요로 하는 목표를 세우고 달성하는 일에서는 장애물이 된다.

한편 아옐렛 피시바흐(Ayelet Fishbach)와 라비 다르(Ravi Dhar) 박사의 연구는 또 다른 문제를 밝혔다. 이 연구에 따르면 어떤 일의 시행 초기에 만족감을 얻거나 성공에 대한 기대가 큰 경우 이미 성공한 것처럼 느낄 수 있다고 한다.[33] 연구진은 다이어트에 도전하는 참가자들을 두 그룹으로 나눠 첫 번째 그룹에게만 다이어트의 진척 과정을 알려 주었다. 그리고 두 그룹 모두에게 다이어트에 성공했을 때 받을 보상, 즉 사과와 초콜릿바 둘 중 하나를 고르도록 했다.

실험 결과 자신의 다이어트가 어떻게 진행되고 있는지 전혀 몰랐던 두 번째 그룹은 58퍼센트가 초콜릿바를 선택했지만, 진척 상황을 보고받은 첫 번째 그룹은 85퍼센트가 초콜릿바를 먹겠다고 했다. '그동안 다이어트 하느라 고생했으니 이 정도 보상은 누릴 자격이 있다'는 심리가 작용한 것이다.

작은 습관의 가장 주된 강점은 현재 자신의 감정과 기분에 관계없이 정해 둔 목표를 수행할 수 있다는 것이다. 물론 목표까지의 진척을 방해할 수 있는 때 이른 만족감도 작은 습관을 막을 수는 없다. 요구되는 목표 자체가 너무나도 작기 때문에 행복감이든 무기력감이든 그 무엇도 목표 달성을 막을 핑계가 되지 못한다.

행복감은 구체적인 목표를 수행할 능력을 저하시킨다. 그러나 작은 습관의 구체적인 목표는 기껏해야 팔굽혀펴기 한 번에 불과하기에 추상적인 기분을 느끼는 상태에서도 여전히 쉽게 할 수 있다. 너무나도 작은 일이라서 정신적 에너지와 집중력을 거의 요구하지 않는다. 또한 행복감은 수행 능력과 추상적 목표에 대한 집중력을 높이므로, 구체적인 목표를 달성한 다음에는 '날씬해지기'라는 추상적인 목표가 스스로 운동하고 싶도록 만들어 줄 것이라 기대해도 좋다.

나 역시 작은 습관을 통해 성공을 거둔 이후로 더욱 행복해졌고, 그 때문에 구체적인 작은 습관 목표를 달성하기가 조금 어려워지기도 했다(물론 그래도 여전히 아주 쉽다). 하지만 작은 습관을 시작한 다음에는 글을 많이 쓰자, 더 많이 읽자, 몸매를 가꾸자 같은 추상적인 목표는 추구하기가 더 쉬워졌다.

작은 습관은 추상적 및 구체적인 목표 모두에서 더 나아갈 수 있도록 도와준다. 따라서 둘 중 어떤 목표에서 강점을 보이는 사람이든 대체로 성공할 수 있다. 처음 팔굽혀펴기 1회의 도전에서 내가 총 15번의 팔굽혀펴기를 하기 위해 중간중간에 여러 번 목표를 새로 세워야 했던 것 기억나는가? 그때 나는 운동을 마치기 위해 구체적이고도 아주 작은 목표에 의존해야 했다. 이와 같은 유동성은 일관성을 유지하는 데 중요하다. 우리가 매일 매 순간 경험하는 심리적 변화 때문이다.

중요한 것은 일어날 수 있는 모든 상황과 차질을 빚는 경우들에 미리 대비해야 한다는 점이다. 그렇게 작은 목표를 완전히 실패로 돌아가게 할 만한 상황은 거의 없다고 할 수 있지만, 반대로 작은 목표를 초과 달성할 수 있는 시나리오는 매우 많다. 내 경우 지금껏 세 가지 작은 습관을 진행하던 중 실패를 경험한 것은 딱 한 번, 책 읽는 것을 까맣게 잊고 잠들어 버렸을 때뿐이었다.

작은 습관은 어떤 기분이나 상황에도 완벽히 들어맞는다. 기분이 좋고 의욕이 충만할 때도, 피곤하고 우울할 때도, 심지어 아프고 괴로울 때도 목표를 완수하거나 그 이상을 해낼 수 있다.

작은 습관만의 경쟁력: 두려움과 회의, 망설임을 없앤다

뭔가를 시작하기 전에 드는 두려움, 회의, 망설임 같은 것들은 직접적인 행동 그 자체로 가장 쉽게 정복할 수 있다. 일단 첫걸음을 내딛고 나면 곧장, 그렇지 않으면 적어도 시간이 조금 흐른 뒤에 두려움이 사라지는 것을 느낄 수 있다. 나는 더 이상 글 쓰는 것을 겁내지 않는다. 책을 충분히 읽지 못하는 것에 대해 죄책감을 느끼지도 않는다. 헬스클럽에 가는 것도 버겁지 않고 오히려 재미있게 느껴진다. 뭔가를 경험했는데 그것이 무섭게 느껴지지 않는다면 두려움은 존재할 수 없다.

작은 습관은 당신이 그런 첫걸음을 떼도록 도와준다. 그렇게나 쉽기 때문이다. 그리고 설사 첫걸음을 뗀 직후 다시 자신의 컴포트 존으로 되돌아간다 할지라도 내일 다시 한 발짝 걸어 나올 수 있다. 언젠가는 두 번째 발짝도 뗄 것이다. 작은 습관은 당신이 품고 있는 회의와 두려움의 가면을 벗겨 그것이 그렇게 위험하지 않다는 것을, 오히려 그로 인해 힘을 얻을 수 있다는 사실을 깨닫게 해준다. 운동의 경우라면 그 운동이 그다지 힘들지 않고 자신도 충분히 할 수 있다는 사실을 알게 될 것이다. 매일 글 쓰는 것도 생각보다 쉽고, 글이 막힌다는 느낌은 그저 자신이 그렇게 생각하기 때문이라는 점도 알게 된다. 당신은 지금보다 책을 더 많이 읽게 될 것이다. 집도 더 깨끗해질 것이다. 당신이 무엇을 원하든 이루어지는 현실을 보게 될 것이다.

작은 습관만의 경쟁력:
목적의식을 갖고 살게 한다

심리치료 분야에서 중요하게 다뤄지는 기술 중 하나로 '마음챙김'

(mindfulness)이라는 것이 있다. 마음챙김은 자신의 생각과 행동을 인지하고 의식한다는 의미다. 이는 목적의식에 따라 살아가는 삶과 기계적이고 무의미한 삶의 차이를 결정짓는다.

작은 습관도 마찬가지다. 당신의 작은 습관이 하루에 물을 한 잔씩 마시는 것이라면 그때부터 당신은 자신이 하루에 얼마나 물을 마시는지 조금 더 의식할 것이다. 뭔가를 매일 주시한다면, 그것이 아무리 작은 일일지라도 당신의 의식 안에 자리를 잡게 된다. 그래서 당신은 정해 놓은 목표를 달성한 뒤에도 그것에 대해 계속 생각하게 될 것이다. 나도 작은 습관 덕분에 글쓰기에 대해 늘 의식하게 되었고, 하루 종일 글을 쓸 기회를 찾는 나를 발견했다. 당신도 자연스럽게, 당신의 작은 습관을 의식하고, 동시에 마음챙김이라는 습관을 개발할 수 있다. 이것은 앞으로 모든 종류의 습관 수정(나쁜 습관도 포함해서)에 큰 도움을 줄 것이다.

또 다른 보너스는 의지력이 높아진다는 점이다. 의지력은 단순한 힘보다는 인내를 필요로 하기 때문에 작은 과업을 자주 반복하는 것이야말로 의지력 근육을 키우는 가장 이상적인 방법이다. 의지력이 강해질수록 자신의 신체도 더 잘 통제하게 된다. 너무나도 많은 사람들이 자기 몸의 노예가 되어 몸이 느끼는 감정과 변덕 하나하나에 쉽게 굴복하곤 한다. 당장 하고 싶은 기분이 들지 않으면 그 일을 절대로 할 수 없다고 생각하는 것이다. 작은 습관은 의지력을 키우는 동시에 이런 마음가짐을 고치는 좋은 방법이다.

수다는 이만하면 충분하다. 지금부터는 본격적인 행동으로 들어가 보자. 다음 장에서는 평생 지속될 작은 습관을 형성하는 방법에 대해 구체적으로 이야기할 것이다.

제6장

큰 변화로 가는
여덟 단계

"아이디어는 실행에 옮기지 않으면
그대로 죽어 버린다."

-로저 본 외흐

진짜 재미는 이제부터다. 이 장에서는 자신만의 작은 습관을 선택하고 실행에 옮기는 단계별 방법을 소개할 것이다. 수첩과 펜을 준비하라. 그리고 이 장을 읽으면서 자신의 계획과 전략을 적어 보자.

제1단계:
작은 습관과 작은 계획을 선택하라

앞으로 나의 생활로 만들고 싶은 습관들을 재빨리 종이에 적어 보자. 자신이 인생에서 가장 중요하게 생각하는 것들이 먼저 떠오를 것이다. 일단 이것을 제1단계를 위한 목록으로 삼아라. 아이디어가 필요하다면 나의 블로그(minihabits.com)를 방문해도 좋다.(주의: minihabits.com에 나와 있는 습관 아이디어들은 이미 작게 쪼개진 것들이다. 그것이 의미하는 궁극의 큰 습관이 무엇인지 안다면 이 작은 습관들을 그대로 받아 적어도 괜찮다. 팔굽혀펴기 한 번 하기는 전반적인 건강을 대표하는 것일 수도 있고, 매일 팔굽혀펴기 100번 하기라는 목표를 대신한 것일 수도 있다. 확실치 않으면 일단 지금은 작은 습관이 아닌 본래 크기의 목표를 적도록 한다.)

여러 개의 행동을 온전히 습관화하고 싶은데, 하나의 습관만 추구하기란 쉽지 않을 것이다. 하지만 일반적으로 하나의 행동을 몸에 배도록 하려면 몇 달에 걸쳐 다른 굳어진 생활들을 철저히 무시해야 한다. 이때는 상당한 자기 기강을 발휘할 필요가 있다. 물론 평생 동안 지속될 습관 하나를 갖기 위해 그만한 희생을 치를 가치는 충분하지만 그래도 어려운 건 마찬가지다.

하지만 좋은 소식이 있다. 앞에서 언급한 것처럼 작은 습관 전략은 여러 가지를 동시에 습관으로 만드는 것을 가능하게 해준다. 의지력 비용이 적게 들고 유동성이 높은 덕분이다. 작은 습관의 '크기'는 사람마다 다를 수 있다. 시작 초기의 어려움과 초과 달성이 가능한 정도도 다 다르다. 내 경우는 지금까지 독서보다 글쓰기에서 '보너스' 달성량이 훨씬 더 많았다. 내게는 글쓰기가 우선순위이기 때문에 당연히 가장 많은 노력을 쏟았다. 물론 그렇다고 해도 예전보다 독서량이 훨씬 늘어난 것은 사실이다. 그리고 어떤 날은 글을 쓰는 양보다 책을 읽는 양이 더 많았다. 당신도 이런 유동성이 정말로 마음에 들 것이다. 덕분에 작은 습관을 꾸준히 실행하면서 파티에도 가고, 여행도 즐기고, 예정에 없던 다른 일들을 할 수 있으니 말이다.

최근에 나는 세 가지 작은 습관을 성공적으로 해내고 있다. 운동까지 치면 총 네 가지지만 이것은 이미 생활(즉, 궁극적인 습관)로 정착되어 여기서는 제외했다. 요즘에는 일주일에 세 번씩 헬스클럽에 간다. 여전히 주 단위로 운동량을 확인하고 있긴 하지만 더 이상 내 의지력을 시험하는 것처럼 느껴지지 않는다. 이제 나의 뇌는 운동에 거부감을 느끼기보다는 권장하고 있는 듯하다.

그러나 당신이 처음 시작할 때는 한 번에 네 가지 이상의 작은 습관을 동시에 진행하지 않기를 바란다(네 가지도 많을 수 있다). 이 습관들이 개별적으로는 목표를 달성하기 쉬울지 몰라도 그 수가 많아지면 집중력이 분산되고, 그중 어떤 것들은 소홀히 하거나 잊어버리기 쉽다. 그뿐만이 아니다. 하루에 작은 목표를 100개나 달성해야 한다고 상상해 보라. 생각만 해도 끔찍하다. 매일 특정한 수의 여러 가지 일들을 해야 하는 것도 상당한 의지력 비용을 필요로 하는 법이다. 보통의 사람들에게는 두 가지 혹은 세 가지 정도가 가장 적당하다.

습관 계획으로는 다음과 같은 것들이 있는데 여기에서 자신에게 적합한 것을 선택해도 좋다.

일주일 단위의 유동적 계획

이 계획을 선택하면 한 가지 습관으로 시작해서 일주일 단위로 작은 습관 시스템을 사용하게 된다. 그런 다음 한 주를 평가하고 장기적 계획을 선택한다.

주별 평가: 지친 것 같은 기분이 드는가? 아니면 매일 정해 놓은 목표를 쉽게 넘기는가? 그까짓 것 아무렇지 않게 달성하고 있으며 좋은 습관을 더 많이 갖고 싶은가? 얼마나 어려움을 느끼느냐에 따라 한 가지 습관만 계속 실천해도 좋고 다른 습관을 더 추가해도 좋다. 모든 습관의 난이도가 똑같지 않기 때문에 모든 사람에게 딱 정해진 수의 습관만을 고집하는 것은 가능하지도 않을뿐더러 현명한 방법도 못 된다. 또한 작은 습관의 가짓수가 늘어날수록 초과 달성할 가능성이 낮아진다는 사실도 염두에 두기 바란다.

마지막으로, 자신에게 가장 힘든 하루는 어떤 모습일지 생각해 보자. 하루 종일 운전을 한다거나 중요한 프로젝트 준비로 밤을 샐 수도 있다. 그런 날에도 목표로 한 행동을 지킬 수 있겠는가? 당연히 매일 지킬 수 있다고 생각하지 마라. 당신에게 일어날 최악의 날을 상상해 보자. 피곤하고, 스트레스 받고, 정말로 바쁜 날에도 할 수 있는 일이라면 당연히 매일 할 수 있다.

자신의 의지력이 작은 습관을 하나에서 두 가지 정도 더 감당할 수

MON	TUE	WED	THU	FRI	SAT	SUN
1	2	3	4	5	6	7
8	9	10	11	12	13	14

주별 평가:
지친 것 같은 기분이 드는가?
매일 정해 놓은 목표를 쉽게 넘기는가?

일주일 단위로 작은 습관을 점검하고 더 추가할지 여부를 결정한다.

있다고 느끼면 망설이지 말고 추가하라! 여기서 내가 바쁜 일정 같은 변수를 언급하지 않았음을 주지하라. 작은 습관은 그 수가 늘어나도 대개는 모두 마치는 데 10분이 채 들지 않기 때문이다(초과 달성을 목표로 하지 않는다면). 건전한 습관을 들이는 것처럼 중요한 일이라면 아무리 바쁜 사람이라도 하루 10분 정도는 충분히 할애할 수 있다고 믿는다.

이 일주일 단위의 유동적 계획은 작은 습관 시스템을 시도해 보고 싶지만 자신에게 무엇이 최상일지 확신하지 못하는 사람들에게 추천한다.

경고: 작은 습관을 실천한 지 일주일이 되는 날을 달력에 표시해서

반드시 그날 이후의 계획에 대해 확실한 결정을 내리도록 한다. 틈을 두어서는 안 된다!

하나의 습관에 집중하는 방법

무엇보다도 꾸준히 글을 쓰고 싶은가? 몸을 만들고 싶다는 생각이 정말로 간절한가? 매일 독서하는 데 전념하고 싶은가? 한 개의 작은 계획은 단 하나의 습관에 초점을 맞출 수 있게 해주어 성공률 또한 매우 높다. 나 역시 '팔굽혀펴기 1회의 도전'을 통해 이런 식으로 시작했다. 의지력이 나만큼 약하다면, 혹은 우울감에 빠져 있다면 이 한 가지 습관을 만드는 것이 당신이 감당할 수 있는 전부일지도 모른다. 어쨌거나 시작은 시작 아닌가!

이 방법은 당장 중요성 면에서 다른 모든 것을 압도하는 '단 하나의 목표'를 가진 사람에게 추천한다. 또한 의지력이 너무 약한 사람들의 경우 힘을 향상시킬 수 있는 좋은 방법이기도 하다. 명심하라. 언제든 작은 습관을 추가할 수는 있다. 하지만 나중에 습관을 줄이기는 결코 쉽지 않다.

여러 가지 습관을 동시에 지키는 방법

이것은 현재 내가 쓰고 있는 전략으로서 가장 고난이도의 방법이다.

하지만 그렇다고 해서 초심자가 성공을 거두기에 그리 어려운 방법은 아니다. 나는 현재 작은 습관을 세 가지 진행하고 있지만 그중 두 가지는 사실상 동일한 것이나 다름없다. 무슨 주제든 2~3줄 이상 글을 쓰고, 책 출판과 관련해 글을 2~3줄 쓰고, 적어도 두 쪽 이상의 책을 읽는 것이다. 이미 습관으로 굳어진, 일주일에 세 번 헬스클럽에서 운동하기(이것은 팔굽혀펴기 1회의 도전에서 발전되었다)에 추가된 것이다. 이렇게 매일 해야 하는 서로 다른 목표를 세 가지나 가지고 있지만 힘들거나 바쁠 때는 10분도 안 되어 세 가지를 모두 끝낼 수 있다(지금까지 단 한 번도 실패한 적이 없다).

처음부터 네 가지 혹은 그 이상의 작은 습관을 진행하고 싶다면 당연히 해도 좋다. 충분히 할 수 있다. 하지만 매일 꾸준히 완수하기가 버겁게 느껴진다면 이 훌륭한 시스템에 대한 인상이 바뀔 수도 있다. 아무리 작은 행동이라도 매일 빠짐없이 지키는 일은 어느 정도 의지력과 자기 기강을 필요로 한다. 그리고 작은 습관은 95퍼센트가 아닌 100퍼센트 성공률을 목표로 한다. 단 하나의 작은 습관도 실패한다면 성공했다는 기분을 제대로 느끼지 못한다. 그리고 앞서 이야기했다시피 그 성공의 기분은 자기효능감을 유지하는 데 매우 중요하다.

각자에게 이상적인 수의 작은 습관은 각각의 습관이 그 사람에게 얼마나 어렵게 느껴지는가에 따라 정해진다. 일반적으로 물을 많이 마시는 것은 일주일에 세 번 운동하는 일보다(심지어 작게 쪼갰을 때도) 쉽다고 느껴진다. 어딘가로 이동해야 실행할 수 있는 습관은 훨씬 더 힘들다. 시간과 장소 등의 제약이 뒤따르기 때문이다. 나의 습관이 실천하기 쉬운 이유는 노트북 컴퓨터를 어디든 들고 다닐 수 있는 덕분이다. 전에는 '이틀이나 휴가를 가니 그동안은 글을 못 쓰겠군.' 하고 생각했다. 하지만 이젠 아니다! 이제는 휴가를 가서도 생산적으로 글을 쓸 수 있다(어쩌면 나를 일중독자라고 생각하는 사람도 있을지 모른다. 하지만 마음껏 휴식을 취하고 싶다면 최소한의 목표만 달성하고 컴퓨터를 닫아 버리면 그만이다).

다수의 작은 계획은 동시에 개발하고 싶은 좋은 습관이 여러 가지가 있는 사람이나, 한 번에 하나만 개발하는 것이 불만스러운 사람에게 추천한다. 자신에게 어떤 계획이 잘 맞을지 잘 모르겠다 싶은 사람은 유동적인 계획을 선택해서 일단 가장 갖고 싶은 하나의 습관부터 시작하기 바란다. 이 단계에서는 당신이 원하는 본래 목표(예를 들어 일주일에 5회씩 꾸준히 운동하기)를 망설임 없이 정하도록 하라.

이 시점에서는 습관 계획과 함께 자신이 원하는 최종 목표를 세워야 한다. 운동이 될 수도 있고 글쓰기나 독서가 될 수도 있으며 물 마시기, 새로운 언어 배우기 등 다양할 수 있다. 자, 그러면 이제는 이 목표를 작게 만들 차례다.

습관을 '한심할 정도로 작게' 만들기

우리가 작은 걸음조차 떼기를 주저하는 이유는 사회적 규범에도 원인이 있지만 크게 생각하려는 버릇 혹은 자존심 때문이기도 하다. "팔굽혀펴기 20번은 너끈히 할 수 있어. 그러니 한 번만 하겠다고 정할 필요는 없지."라고 생각할 수 있다. 하지만 이런 사고방식은 단 한 가지 유형의 힘, 즉 신체적 힘만 고려한 것이다. 우리가 할 수 있는 모든 행동(예를 들면 팔굽혀펴기 20번 하기 같은 행동)에는 거기에 필요한 의지력이 포함되어 있다. 의욕이 있고, 에너지가 넘치고, 괜찮은 체력을 가지고 있을 때는 한 번에 팔굽혀펴기 20번이 그다지 많은 의지력을 요구하지 않을 수도 있다. 하지만 조금 피곤하다든가, 하고 싶은 기분이 들지 않을 때는 의지력이 많이 필요하고 똑같은 행동이라도 평소보다 더 많은 에너지를 필요로 할 수 있다.

이것이 바로 사람들이 목표를 세울 때 흔히 저지르는 실수다. 자신의 의욕과 에너지 수준이 들쭉날쭉 변할 수 있다는 사실을 고려하지 않는 것이다. 그저 막연히 지금 상태의 마음가짐과 에너지 수준이 꾸준히 유지될 수 있다고, 아니면 실제 행동을 해야 할 순간이 왔을 때 바로 의지력을 끌어올릴 수 있다고 생각한다. 그러면 어떤 일이 벌어질까? 우리는 변화를 원치 않는 뇌와 싸움을 벌이다가 결국에는 또 지고 만다. 하지만 이제 우리는 뇌를 속이고자 한다. 그렇게 해서 의지력의 게임에서 승리를 거두려는 것이다.

내가 정한 규칙은 습관으로 만들고 싶은 어떤 행동을 한심하게 보일 때까지 작게 만드는 것이다. 어떤 대상이 '한심할 정도로 작아' 보이면 뇌는 그것이 우리에게 아무런 불편이나 해를 끼치지 못한다고 판단한다. 대부분의 사람들이 한심하다고 여기는 작은 습관 사례로는 다음과 같은 것들이 있다.

- "하루에 팔굽혀펴기 한 번? 지금 농담하는 거야?"
- "하루에 불필요한 물건 하나씩 없애기? 그게 무슨 목표라고!"
- "하루에 글 2~3줄씩 쓰기? 그렇게 해서 책 한 권이 언제 써지 겠냐!"

아마도 당신은 이런 작은 습관을 들이면서 한 가지 기술이 더 생길 것이다. 바로 거부감이 들 때마다 목표를 점점 더 작게 만들 수 있는 창의적인 방법을 찾는 기술이다. 오늘 팔굽혀펴기 한 번을 하면서 거부감이 들었다면 팔굽혀펴기 자세만 취하기, 아니면 그보다 더 쉽게 그냥 바닥에 엎드리기 같은 것도 좋다. 원하는 것이 매일 물 한 컵씩 마시기라면 그저 컵에 물을 채우기, 아니면 컵을 집어 들기처럼 더 작게 만들 수도 있다. 목표가 하루에 글을 2~3줄 쓰기인데 이마저도 거

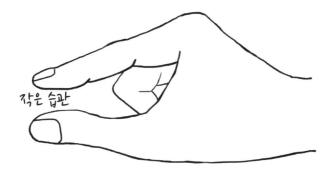

습관을 '한심할 정도로 작게' 만들어라!

부감이 든다면 컴퓨터를 켜고 단어 한 개만 써도 된다.

물론 정해 놓은 작은 습관은 이미 한심할 정도로 작기 때문에 평소에는 이 정도까지 할 필요는 없을 것이다. 하지만 정말로 심한 거부감이 들 때를 대비해 이런 '비장의 무기'가 있다는 사실만 기억하기 바란다.

작은 습관에 관한 한 '너무 작다'라는 개념은 존재하지 않는다. 목표를 어떻게 정해야 할지 망설여진다면 언제나 더 작고 쉬운 쪽을 택하라(작은 습관 아이디어가 떠오르지 않거나 더 필요하면 minihabits.com을 방문하기 바란다). 이것이 바로 작은 습관 시스템의 핵심이다. 앞으로 당신은 매일 '너무나도 작고 한심해서 실패조차 힘든' 이 일들을 반복하게 될 것이다.

목표를 작게 만드는 것만큼 중요한 일이 바로 생각도 작게 만드는 것이다. 이 작은 목표가 본래의 목표인 것처럼 받아들여라. 즉, 작은 목표를 달성했다면 그날 당신은 성공했다고 생각하라. 매일 그렇게 성공할 수 있다면 당신이 그토록 바라는 '커다란' 결과를 반드시 얻을 것이다.

주 단위 작은 습관 활용하기

당신이 생각한 여러 가지 목표 중에는 매일 할 수 없는 것들도 물론 있다. 특히 운동은 일주일에 3~4번 정도 하고 싶어 하는 사람들이 대부분이다. 일주일에 세 번만 운동하고 싶다면 일주일에 일곱 번씩이나 헬스클럽에 갈 이유는 없다.

주 단위 습관은 습관으로 굳어지기까지 더 오랜 시간이 걸리지만 뇌가 패턴으로 인식하기에는 충분하다. 따라서 주 단위 작은 습관을 진정으로 원한다면 일단 시도해 보고 자신과 잘 맞는지 확인해 보기 바란다. 이것을 일별 목표로 만든다는 창의적인 시도도 해볼 수 있다. 앞서 예를 든 것처럼 일주일에 몇 번만 헬스클럽에 갈 생각이라면 이를 '선택적' 작은 습관으로 만들 수 있다.

선택적 작은 습관이란 자신에게 두 가지 선택지를 줘서('A 아니면 B

를 하라') 둘 중 하나를 매일 하게 만드는 것이다. 개인적으로 난 이 방법을 그다지 좋아하지 않는다. 앞서 말했듯이 의사결정을 내리는 데도 의지력 비용이 추가되기 때문이다. 하지만 사람에 따라서, 어떤 경우에는 이것이 가장 적절한 전략이 될 수도 있다. 그리고 뭔가를 매일 하게 된다는 점에서는 마음에 든다. 선택적 작은 습관의 예에는 다음과 같은 것들이 있다.

- 헬스클럽에 간다, 혹은 노래 한 곡에 맞춰 춤을 춘다.
- 헬스클럽에 간다, 혹은 팔굽혀펴기 한 번을 한다.
- 헬스클럽에 간다, 혹은 1분간 조깅을 한다.

여기에서 알 수 있듯이 헬스클럽에 가지 않는 날은 대체할 수 있는 다른 일을 하면 된다. "그런데 이렇게 했을 때 매일 쉬운 일만 고르면 어떻게 하나요?"라는 질문이 나올 수 있다. 하지만 부가적인 짐이나 부담감이 없을 때 자신이 어떤 일을 택할 것인지 알면 당신도 놀랄 것이다. 영리한 방식으로 자신에게 작은 자유를 주는 것은 매우 힘을 북돋는 효과가 있다. 게다가 당신은 애초에 건강해지고 싶어서 이런 수고를 하는 것 아닌가?

또한 여기서 행동은 그저 헬스클럽에 '가는 것'이다. 영 내키지 않으면 왔던 길을 다시 돌아 집으로 돌아오면 된다. 미친 짓으로 보인다는 건 나도 안다. 하지만 생각만 해도 부담감이 밀려오는 45분짜리 운동을 피할 수 있도록 탈출구를 하나 정도 열어 두는 게 얼마나 중요한지 다시 한 번 강조하고 싶다. 우리의 잠재의식은 꽤 영리해서 종이에 적어 놓은 목표가 실제로 자신의 목표가 아니라는 것 정도는 알고 있다. 그리고 우리가 억지로 버거운 일을 하려고 할 때가 바로 변화를 주저하는 뇌가 강하게 반발하고 나서는 순간이다.

선택적 작은 습관을 시도할 생각이라면 일단 아무런 조건을 달지 않은 채로 시작하기를 추천한다. 얼마나 자주 헬스클럽에 가게 되는지는 조금 시간을 두고 지켜보자. 좀처럼 안 가게 된다면 그때 일주일에 최소 한 번 가기라는 목표를 세운다. 그런 다음 조금 시간이 지났을 때 일주일에 두 번으로 늘리면 된다. 이때 너무 빨리 목표를 높이면 안 된다. 변화를 서두르는 것은 금물이다. 우리의 뇌는 빠른 변화를 감당할 수도 없고, 하려고 하지도 않기 때문이다. 어차피 시간이 걸리게 되어 있으니 천천히 익숙해지는 것이야말로 합리적인 방법이다.

자, 그러면 지금까지 적은 것들을 확인해 보자.

• 작은 습관 계획을 세웠는가? 유동적인 계획, 한 가지 습관을 위한 계획, 다수의 습관을 위한 계획 중 어느 것을 택했는가?

- 정한 습관은 '한심할 정도로 작은가?' 종이에 적은 것을 소리 내어 읽어 보자. 헛웃음이 절로 난다면 합격이다.
- 모든 것을 종이에 적어 놓았는가? 이면지건, 작은 종이건 상관없다. 직접 종이에 적는 게 중요하다.

여기까지 다 됐다면 좋다! 이제 제2단계로 넘어가자.

제2단계:
'왜?'라고 물어 핵심을 파고들어라

사람은 누구나 건강해지고 싶어 한다. 하지만 모든 사람이 최적의 건강 상태를 유지하기 위해 필요한 노력을 기울일 수 있는 것은 아니다. 하루 종일 소파에 누워 패스트푸드만 먹는 것도 나름대로의 장점이 있다. 당신의 문제가 '뭔가를 하고 싶은데 지금껏 그것을 하는 데 애를 먹었다'는 것이라면 이 책은 올바른 선택이었다.

어떤 습관이 노력할 가치가 있는지 알아내는 가장 좋은 방법은 그 습관을 원하게 된 근본 원인을 찾는 것이다. 최고의 습관은 바로 당신의 가치관에서 나온다. 주변 사람들이 다 하는 일이니까, 아니면 남들이 내게 바라는 일이니까 한다는 식으로 하게 되는 일은 옳은 게 아니다. 다른 사람이나 사회의 요구에 따라 변화를 꾀한다면 내부적으로 밀려드는 어마어마한 거부감과 갈등을 겪을 수밖에 없다.

'왜?'라는 질문으로 핵심 파고들기

테스트를 하는 이유는 답을 찾기 위해서다. 이것이 테스트의 목적이다. 그래서 여기에 '왜(why) 테스트'라는 이름을 붙였다. '왜?'라는 단순한 질문이야말로 모든 일의 핵심을 파고드는 가장 좋은 방법이기 때문이다.

원하는 습관을 정했다면 자신이 왜 그 습관을 원하는지 이유를 알아보자. 하지만 거기서 멈춰서는 안 된다. 다시 한 번 더 질문하라. 답변이 제자리를 돌거나 반복적으로 나올 때까지 계속해서 물어 보자. 답이 제자리에서 맴돈다면 당신이 핵심을 찾았단 뜻이다. 작은 습관이 성공하려면 무엇보다도 솔직한 대답이 필요하기 때문에 깊이 파고들어야 한다. 이런 질문에 대한 답은 여러 가지가 있으므로 그중에서 가장 관련이 깊은 것을 고르도록 한다.

다음은 나의 경우를 솔직하게 적은 것이다. 첫 번째 예는 습관으로 삼기에 매우 훌륭하지만, 두 번째 예는 어딘지 미심쩍어 보인다.

나는 매일 글을 쓰고 싶어 한다.

→ 왜?

글쓰기는 내가 매우 사랑하는 일이다.

→ 왜?

글쓰기는 내 의견을 표현하고 사람들과 소통하기에 가장 좋은 방법이다. 그리고 나는 그 과정을 좋아한다.

→ 그게 왜 중요한가?

이런 것들을 통해 살아 있는 기분이 느껴지고 행복해진다.

→ 왜?

글쓰기는 내가 가치 있게 여기고 아끼는 것이 분명하기 때문이다.

이번에는 다른 예를 살펴보자.

나는 매일 아침 6시에 일어나고 싶다.

→ 왜?

성공한 사람들이 다 그렇게 하기 때문이다. 그리고 늦잠을 자는 건 창피하다.

→ 왜?

사회적으로, 그리고 내가 아는 몇몇 사람들이 밤에 늦게 자고 아침에 늦게 일어나는 나를 업신여길 것이기 때문이다.

두 번째 경우, 변화하고 싶은 주된 이유는 외부의 압력 때문이다. 그렇다 하더라도 6시에 일어나는 것은 나를 더 행복하게 만들어 줄 수 있다. 나 역시 일찍 일어났을 때 조금 더 성공한 것 같고 전체적으로 죄책감이 줄어들었기 때문이다. 따라서 바로 폐기 처분해야 할 목표는 아니라고 할 수 있다. 그렇지만 글쓰기와 비교했을 때는(지금 이 글도 매우 늦은 시각에 쓰고 있다) 우선순위에서 밀릴 수밖에 없다. 밤늦게까지 글을 쓸 때 나는 나의 내적 가치에 충실하게 행동하는 것이다. 설사 세상 사람들이 내 생각에 동의하지 않는다고 해도 말이다. 세상 사람들 모두에게 인정받을 필요는 없다. 외부의 압력 때문에 자신에게 맞지도 않는 생활 방식을 택해서는 안 된다.

제3단계:
습관 신호를 정하라

가장 흔히 사용하는 습관 신호로는 시간을 기반으로 하는 것과 행동을 기반으로 하는 것, 두 가지가 있다. 시간 기반 신호의 경우 목표는

'월, 수, 금 오후 3시에 운동하겠다'가 되고, 행동 기반 신호는 '월, 수, 금 점심 식사를 마치고 30분 뒤에 운동하겠다'가 된다.

오전 9시에 출근해서 오후 6시에 퇴근하는 규칙적인 일을 하는 사람들은 일정이 늘 똑같이 정해져 있으므로 시간 기반 신호가 잘 맞는다. 반면 시간 활용이 자유로운 사람들은 확실하면서도 유동적인 일정을 지키도록 해주는 행동 기반 신호가 더 적합하다. 둘 중 어떤 것을 사용하느냐는 당신이 따르고 있는 생활 방식 혹은 당신이 원하는 방식에 따라 달라진다.

시간 기반 일정은 애매모호한 점 없이 규칙적이다(예를 들면 '4시 정각에 한다'는 늘 그 시간에 해야 한다). 그래서 목표로 한 일을 확실히 해내고 자기 기강을 쌓는 데 도움이 된다. 단점이 있다면 유동성이 떨어진다는 점이다. 정해 둔 행동이 에너지와 활동성을 필요로 하는 일인데 딱 4시에 두통이 오면 어떻게 해야 할까? 우리의 삶은 정해진 대로 하고 싶은 일을 하기에는 변수가 너무 많다. 게다가 정해 놓은 행동을 해야 할 시간을 놓치고 나중에 하게 된다면 이때도 성공했다는 자부심을 느낄 수 있을까? 아니면 약속을 못 지켰다는 죄책감을 느끼게 될까? 시간 기반 일정은 유동성이 떨어지기 때문에 지키지 못했을 경우 성공 여부가 애매해진다는 단점이 있다.

반면 행동 기반 일정은 불확실성이 따르지만 더 유동적이라는 장점이 있다. 당신이 덜 규칙적인 생활 방식을 따를 경우는 규칙성을 잡아 주는 데도 도움이 된다. 다만 문제가 있다면 한 가지 행동이 언제 끝날지, 그다음 행동이 언제 시작될지 정확히 모른다는 것이다. 점심을 먹고 뭔가를 쓰기로 했다고 하자. 글을 쓰기 전에 이메일을 확인해도 될까? 아니면 곧장 워드프로세서부터 켜야 할까? 그 정도는 상관없다고 생각할지도 모르지만 천만의 말씀이다. 앞에서도 이야기했지만 작은 습관의 힘은 실로 대단해서 작은 일도 쉽게 더 큰 일로 확대될 수 있다. 잠깐 이메일만 확인하고 글쓰기로 넘어간다는 게, 자기도 모르게 책상을 온통 뒤집어 정리하고 있다가 '아차! 글을 쓰기로 했지!'라고 깨달을 수 있다는 말이다.

작은 목표는 그 일을 시작하기 쉽게 해주고 더 의미 있는 목표를 향해 가속도를 더해 주는 역할도 하지만 다른 문제도 있을 수 있다. 작은 타협을 허용하기 시작하면 이것이 금세 자신의 의지보다 커져서 종국에는 본래의 목표를 방해한다는 점이다.

시간을 기반으로 하느냐, 행동을 기반으로 하느냐에는 정답이 없다. 두 가지 다 효과를 내는 데는 문제가 없다. 중요한 점은 둘 중 하나를 선택하고 지키는 것이다. 이 단계에서 제대로 된 의사결정을 내리지 않는다면 심각한 실수가 될 수 있다. 하지만 여기서 한 가지를 선택하기로 마음을 굳히기 전에 또 다른 선택지가 있다. 이것은 현재 내가 적용하고 있는 방법이기도 하다.

시간의 제약을 받지 않는 다수의 습관 신호 설정

기존의 습관 이론 관련 책들을 보면 다양한 연구를 통해 입증된 습관의 신호–행동–보상 구조에 대한 이야기가 빠지지 않고 등장한다. 그러면서 당신이 원하는 신호와 행동, 보상을 정하라고 한다. 하지만 당신이 가령 '긍정적으로 생각하기' 같은 행동을 원한다면 어떻게 해야할까? 혹은 각각 다른 시각에 뭔가를 하고 싶어 한다면 어떻게 해야 할까? 작은 습관은 이런 면에서 완전히 새로운 가능성의 장을 연다. 특히 유동적인 일정을 따르는 사람이나 '감사하기'처럼 추상적인 습관을 기르고 싶어 하는 사람에게 유용한 전략이다.

작은 습관은 자율성과 유동성에 뿌리를 두고 있다. 이 시스템의 목표는 당신이 꾸준히 성공을 거두도록 힘을 북돋아 주는 것이다. 따라서 이 철학을 적용하면 시간에 제약을 두지 않고 구체적인 신호도 쓰지 않는 방식으로 기존의 습관 이론을 대체할 수 있다.

나쁜 습관의 경우 신호가 여럿(예를 들어 담배를 피우고 싶게 만드는 신호는 스트레스, 시간적 여유, 특정한 음식, 화장실을 갈 때 등 비교적 다양하다)인데 좋은 습관은 신호를 하나씩만 정하라고 가르치는 사람이나 책이 많다는 사실을 알고 있는가? 나쁜 습관을 없애기가 그렇게도 힘든 건 당연한 일이다! 나쁜 습관은 살면서 만나는 수없이 많은 신호들에 엮여 있다. 바로 그런 이유로 나쁜 습관은 다양한 상황에서 반복을 통해 자연스레 자라나는 반면, 좋은 습관은 '단일한 신호-행동-보상' 공식에 따라 인위적으로 만들려고 애를 쓰게 된다.

물론 신호가 하나뿐일 때는 그 행동에 더욱 유심히 주의를 기울이게 되는 것이 사실이다. 예를 들어 매일 오후 2시에 '긍정적인 생각 2가지 이상 하기'를 실천한다고 하자. 그러면 나머지 시간에도 전반적으로 긍정적인 생각을 더 많이 하게 될 것이다. 하지만 매일 오후 2시에만 그렇게 하는 것이 제한적이고도 강제적이라는 느낌이 들 수 있다는 게 문제다(물론 각자의 성격에 따라 다르다). 게다가 무슨 일을 해야 하는 구체적인 시각을 정해 놓으면 그 외의 시간에는 그 일을 하는 게 잘못된 것처럼 느껴질 수 있다. 아침에 글을 쓰는 습관을 가진 사람들의 경우 나머지 시간에는 아무것도 쓰지 않는 사람들이 많다. 나는 하루 중 아무 때건 내 일정에 맞으면 언제든 글을 쓴다.

구체적인 신호를 정해 두었을 때 생길 수 있는 또 다른 문제는 당신의 의지력에 부담을 준다는 사실이다. 예를 들어 오늘 중에 조깅을 해야 한다고 하면 이는 유동적이다. 하지만 반드시 오후 3시에 조깅을 해야 한다면 이는 고정된 일정이다. 정해 놓은 시각에 정확히 그 행동을 해야 한다는 부담감은 의지력 비용을 높일 수밖에 없다.

기존의 습관 관련 책들은 이 시간적 신호를 크고 중요한 일들과 짝지으라고 주장한다. 하지만 이는 성공을 더욱 어렵게 만들 뿐이다. 크고 중요한 일일수록 의지력 비용이 높기 때문이다. 작은 습관의 경우 해야 할 일의 크기가 작기 때문에 '신호에 기반한 행동'에 필요한 의지력 또한 매우 작다. 따라서 현재 인기 높은 '신호-행동-보상' 모델에는 작은 습관이 기존의 커다란 습관 형성 방식보다 더 적합하다. (주의: 불특정 신호가 언제나 더 낫다는 말은 아니다. 어떤 사람, 어떤 습관의 경우에만 그렇다. 각각의 습관은 개별적으로 가장 어울리는 방법을 정해야 한다.)

불특정 신호에 반응하는 습관은 행동을 유발하는 신호가 하나 이상이다. 우리 대부분은 이미 먹고, 놀고, 무심히 인터넷을 서핑하고, 그 밖의 다양한 일을 하는 데 필요한 신호를 가지고 있다. 우리가 매일 경험하는 신호는 어마어마할 정도로 많기 때문에 좋은 습관을 위해 단 하나의 신호를 정하지 않는 편이 낫다.

하나의 신호만 고집하는 것은 대인 관계와 즉흥성에 방해가 될 수 있다. 오늘날 세상에 널리 퍼져 있는 습관 이론들은 하나의 신호만 정하는 게 뭔가를 습관으로 만드는 유일하고 실행 가능한 방법이라고 주장한다. 신호가 여러 개일 경우는 의지력이 너무 많이 필요하고, 각각의 신호를 개별적으로 개발해야 하기 때문에 습관을 형성하는 과정이 지나치게 길어진다고 말이다. 바로 여기에 작은 습관이 판도를 바꾸는 획기적인 방식이라는 이유가 있다.

불특정 신호에 반응하는 작은 습관은 하루 한 번, 각자 편할 때 최소한의 목표만 달성하면 된다. 자정을 기한으로 정하는 것은 추천하지 않는다. 이 역시 고정적이기 때문이다. 내가 추천하는 방법은 잠자리에 드는 시각을 하루의 끝으로 정하는 것이다. 그렇게 하면 언제든 잠들기 직전까지만 목표를 달성하면 되므로 성공 가능성을 최고로 높일 수 있다. 그다지 바람직하게 들리지 않는 것도 알지만 습관 형성 초기에는 이 방법이 엄청나게 중요한 역할을 한다. 꾸준히 성취감을 느낄수록 자기효능감이 높아지기 때문이다.

나는 팔굽혀펴기 1회의 도전을 몇 달 동안 계속했다. 초기에 내가 썼던, 창피할 정도로 한심했던 신호는 잠들기 직전이었다. 이는 나의 자기 기강이 얼마나 약한지 보여 주는 지표이기도 하다. 그 습관을 낮 시간에 집어넣는 데 실패했기 때문이다. 하지만 나는 이 신호를 통해 실패한 채로, 실망한 채로 잠드는 대신 성공을 거두고 잠이 들었다(그리고 대부분은 추가로 몇 번을 더 했다). 승자가 된 뿌듯한 기분으로 잠이 들면, 그것도 며칠 연속으로 계속하면 그보다 더 발전하고 싶은 내적 열망이 생겨나기 마련이다.

"성공이 성공을 가져다준다."라는 말을 들어 봤을 것이다. 이는 뭐라 말할 것도 없이 명백한 사실이다. 성공한 사람들은 실패해서 우울감에 빠진 사람들보다 더 열심히 일한다. 이미 성공의 맛을 보았기 때문이다. 성공은 열정과 행동에 불을 지핀다.

이것이 바로 작은 습관이 당신에게 가져다줄 결과물이다. 당신은 성공한 기분을 느끼게 될 것이고 앞으로도 더 많이, 더 자주 성공하고 싶어질 것이다. 이 책의 저자이자 작은 습관 시스템의 개발자로서가 아니라, 이 시스템 연구에 참여한 최초의 기니피그로서 말하는 것이다. 나는 다른 많은 시스템들도 적용해 봤지만 그 어떤 것보다도 작은 습관이 더 효과가 높았다.

다시 팔굽혀펴기 한 번 하기라는 나의 이야기로 돌아가자. '마감 직전의 승리'를 한동안 이어가던 나는 어떻게든 그것보다 잘 해내고 싶은 욕심이 생겼다. 그래서 조금 더 일찍 팔굽혀펴기를 하기 시작했다. 하는 시각은 여전히 달랐다(신호도 달랐다). 이것이 잠들기 직전까지만 최소한의 목표를 달성하면 된다는 방식이 괜찮은 이유다. 그렇게 하면 자기 기강을 더욱 높일 수 있다. 진정한 자기 기강은 누군가 내게 팔굽혀펴기를 하라고 시킬 때 생기는 것이 아니다. 스스로 하겠다고 결정을 내릴 때 생긴다. 표현 자체도 '타인' 기강이 아닌 '자기' 기강임을 떠올려 보라!

그런데 독서, 글쓰기, 운동에서 모두 꾸준히 성공을 거두고 있으면서도 어딘가 찝찝한 기분을 떨칠 수가 없었다. 사기꾼이 된 것 같은 기분이었다. 습관 신호도 따로 없었다. 유명하다는 습관 책들은 죄다 신호라는 것에 대해 떠들었다. 연구에 따르면 신호가 반드시 필요하다고 했다. 하지만 내게 있는 거라고는 매일 지켜야 할 목표와 주별 운동 할당량뿐이었다. 습관 관련 책들에 따르면 이런 빈약한 준비야말로 습관 형성에 실패하는 지름길이다. 그런데 어떻게 나는 성공을 거두고 있는 것일까? 왜?

가장 먼저 깨달은 사실은 이런 연구들이 아침 6시에 조깅하기, 팔굽혀펴기를 하루에 100번씩 하기, 혹은 거창한 운동 프로그램 지키기 같은 거대하고 의지력을 많이 잡아먹는 목표들을 대상으로 하고 있다는 점이었다. 하지만 작은 습관은 그런 목표들과는 너무나도 달라서 적용되는 규칙도 다를 수밖에 없었다.

작은 습관은 너무나도 작아서 실패조차 어렵다. 이렇게 작고 쉬운 행동이라면 잠들기 직전에 목표를 충분히 달성할 수 있다(작은 습관은 대체로 1분 정도 걸린다). 그리고 이 밤늦은 습관 역시 습관이 될 것이다. 정말이지 대단한 일이다. 자신의 삶에 관심을 기울일 수 있도록 해주기 때문이다. '오늘 내가 목표를 달성했나? 했군! 기분 최고야! 자, 이제 자자.'

이렇듯 너무 작아서 실패하기가 더 어렵고 구체적인 신호에 의존하지 않는 습관을 들이면 어떤 일이 벌어질까? 여러 개의 습관 신호, 즉 다수의 불특정 신호에 몸이 반응하게 된다. 이것은 정말로 신나는 일이다. 나 역시 아침마다 정해진 일을 하는 것을 좋아하고 특별히 하나를 정해 습관을 들이고 싶은 마음도 있지만, 지금까지는 신호가 정해지지 않은 글쓰기 습관으로도 매우 만족스러웠다. 내게 있어 글쓰기 습관은 나쁜 습관의 구조와 비슷하다. 분명 구체적인 신호가 있긴 하겠지만(지금까지 내가 깨달은 신호는 뭔가를 먹은 직후였다) 신호가 여러 개다 보니 무작위로 하는 것처럼 보인다.

아니, 잠깐! 신호 하나에 습관 하나를 들이는 데도 몇 개월씩 걸린다고 하지 않았던가! 그러면 여러 개의 신호를 개발하는 데는 몇 년씩 걸리는 게 아닌가? 절대 그렇지 않다. 작은 습관은 말 그대로 너무나도 작고 쉽다. 앞서 습관 형성에 걸리는 시간에 대한 연구를 떠올려 보자. 어떤 행동이 습관으로 굳어지기까지 걸리는 시간을 결정짓는 가장 주된 요인은 그 행동의 '난이도'라고 했다.[34] 이는 곧 작은 습관이 기존의 거창한 습관보다 훨씬 빨리 습관화될 수 있다는 말이 된다. 물론 목표가 하루에 글을 2~3줄 쓰는 것인데 매일 A4 3장을 쓰는 경우라도, 실제로 3장 쓰기를 습관으로 만들기는 더 오래 걸린다는 사실을 명심하기 바란다.

습관을 들이는 데 그 정도로 무리해야 한다면 문제가 될 수 있다. 그리고 구체적인 신호가 없으면 뇌가 그 행동을 습관으로 만드는 데 시간이 더 오래 걸린다. 따라서 들이고 싶은 습관이 10가지라면, 그리고 무엇보다 속도를 높이고 싶다면 각각의 작은 습관을 위한 구체적인 신호를 정하는 것이 훨씬 효율적일 수 있다. 반대로 내가 글쓰기에서 그랬듯이 유동적으로 습관을 들이고 자연스레 자신의 정체성과 삶의 일부로 만들고 싶다면 구체적인 신호를 정하지 않고 시작하면 된다.

그러면 신호 선택에 대해 다시 한 번 다음과 같은 사실을 기억하고 넘어가자.

- 불특정 신호를 기반으로 하는 작은 습관은 하루 한 번 실시한다.
- 시간 기반 신호는 예를 들어 오후 3시, 오후 9시 45분 등으로 정한다.
- 행동 기반 신호는 점심 먹은 후, 일하기 전, 운전하는 동안, 화장실에 다녀온 후 등으로 정한다.

내 삶에는 어떤 신호가 더 적절할까?

어떤 이들은 아침에 글을 쓴다. 나는 하루 중 아무 때고 마음 내키는 대로 쓴다. 이제 글쓰기는 내게 삶의 방식이 되었다. 나중에는 어떤 일까지 벌어지는지 아는가? 재미나게 텔레비전을 보다가도 글을 쓰고 싶은 생각이 든다(요상하면서도 대단한 일 아닌가?). 하지만 다른 사람과 함께 텔레비전을 볼 때면 그런 충동이 들지 않는다. 상황이 다르기 때문이다. 나는 상황에 따라 자연스럽게 반응한다. 친구가 놀러 와서 한이틀 우리 집에 묵으면 글을 평소처럼 많이 쓰지 않는다. 바로 이런 게 내가 원하는 삶의 방식이다. 친구가 너무 자주 와서 글쓰기가 힘들어진다면 그에 맞춰 변화를 주면 된다.

보다시피 이런 특성은 나쁜 습관을 고치는 데도 일부 긍정적인 영향을 미친다. 걷잡을 수 없는 나쁜 습관은 의도치 않은 순간에, 어디에서든 자라난다. 담배를 피우게 되는 신호는 98개나 되고, 유튜브 동영상을 하염없이 보게 되는 신호는 53개나 되며, 생각 없이 인터넷을 하게 되는 신호는 194개쯤 된다. 마찬가지로 바람직한 작은 습관을 이처럼 걷잡을 수 없이 자라나게 하는 것도 가능하다. 식물이 양분을 찾아 경쟁을 벌이듯이 좋은 습관이 많아지면 그만큼 나쁜 습관을 줄일 수 있다.

내 경우 이제는 글을 쓰는 것이 텔레비전을 보는 것과 경쟁을 벌인다. 구체적인 신호에 얽매여 있는 습관이라면 이렇게 되기 힘들었을 것이다. 내 말을 오해하지는 마라. 물론 구체적인 신호를 이용하는 것도 매우 강력한 힘을 발휘할 수 있다. 하지만 그것이 나쁜 습관의 신호와 완전히 분리된다면 나쁜 습관과 경쟁하기는 힘들어질 것이다.

이쯤에서 경고를 하나 하고자 한다. 어떤 습관을 '걷잡을 수 없이 자라게' 만들 것인지 정할 때는 매우 신중할 필요가 있다. 예를 들어 일

중독 때문에 마음 편히 쉬지 못하는 사람들이 있다. 일하는 습관이 자신의 정체성 속에 너무나도 깊이 뿌리를 내려서 은퇴나 여가라는 개념을 잘 받아들일 수도 없고, 자신도 일이 없는 상황을 매우 지루하게 느끼는 것이다. 그들은 그저 일을 하고 싶어 한다. 나 역시 글을 쓰고 싶어 하고, 앞으로 여생 동안 글을 더 많이 쓰기를 바라기 때문에 글쓰기 습관을 나의 정체성에 결합시킬 용의가 있다(물론 독서와 운동도 마찬가지다). 하지만 목욕의 경우에는 그렇게까지 습관화할 생각이 없다. 몸을 씻는 것은 하루 한 번이면 족하지 않을까? 그런 면에서는 아침에 잠자리에서 일어나면 샤워를 한 번 하는, 신호를 기반으로 한 습관이 더 낫다. 수면과 식사 스케줄 또한 신체가 생물학적 주기 및 식습관 주기에 맞춰질 수 있도록 일정을 잡는 편이 좋다.

하지만 뭔가를 인생 전반에 걸친 생활 습관으로 만들고 싶다면(바람직한 예로는 긍정적인 생각을 하기, 글쓰기, 감사하는 마음 가지기, 운동하기, 다른 사람들에게 베풀기, 단순하게 살기 등이 있다) 이런 작은 습관을 계획할 때 구체적인 신호를 정하지 않을 것을 추천한다. 그저 잠들기 전까지라는 일별 기한을 두기 바란다.

어떤 행동이 구체적으로 삶에서 한자리 차지하기를 바란다면 이를 위한 구체적인 신호를 마련하라. 특정한 날에 운동하기, 잠들기 전에 책 읽기, 아침에 글쓰기 같은 것들이 그 예다. 어떤 이들은 철저히 체계가 잡힌 삶을 좋아해서 구체적인 신호만을 택하려는 경향이 있다. 이는 모두 각자의 선택이다. 원한다면 '걷잡을 수 없는' 습관과 신호를 기반으로 한 습관을 결합해서 사용해도 된다.

의사결정과 습관 신호

작은 습관을 계획할 때 구체적인 신호를 정하지 않을 경우 의사결정 과정을 이해하면 필요한 경우마다 의사결정을 내리는 데 도움이 될 수 있다. 의사결정을 내릴 때 우리는 두 번의 단계를 거친다. 첫째, 여러 선택지들의 무게를 재 본다. 이를 '숙고의 단계'라 한다. 둘째, 선택한 것을 행동으로 옮긴다. 이를 '실행의 단계'라 한다.[35]

우리의 목표는 숙고의 단계에서 발이 묶이는 게 아니라 실행의 단계로 이동하는 것이다. 신호를 기반으로 하는 습관에 좋은 점이 있다면 숙고의 과정을 짧게 줄이고 조금 더 빨리 실행의 마음가짐을 갖게 해 준다는 것이다. 꽤 구미가 당기는 일이다. 실행 의도, 즉 어떤 일을 정확히 언제 어떻게 할 것인지 미리 정해 놓은 의사결정에서 신호는 핵심이 되는 요인이다.

실행 의도는 목표의 성공률을 높이는 것으로 알려져 있다. 신호가 결합되어 있는 작은 습관은 성공을 거둘 가능성이 그보다 더 높아진다. 그렇게 많은 의지력을 필요로 하지 않기 때문이다. 너무나도 작아서 별로 생각을 요하지 않는 '아주 쉬운 문제'라는 말이다.

하지만 작은 습관은 작기 때문에 신호 없이도 효과를 거둘 수 있다. 시간을 두고 경쟁을 벌이는 다른 행동보다 더 우선할 수 있도록 만들어 주는 게 바로 '작은 크기'다. 신호가 없다 보니 숙고의 과정을 거칠 필요가 있지만, 그래 봐야 단순히 팔굽혀펴기 한 번 혹은 글을 2~3줄 쓰는 아주 쉬운 일이라서 그 과정에서 그리 오랜 시간을 낭비할 필요가 없어진다. 너무나도 쉬워서 힘들게 생각할 필요가 없다는 말이다. 머뭇거리는 자신을 발견한다면 그 일이 얼마나 작은 것인지 다시 한 번 스스로에게 상기시키기 바란다.

자, 그러면 각각의 작은 습관에 필요한 신호를 골라 적어 보자. 나는 모든 신호를 '하루 중 언제나 한 번만'으로 정해 두길 좋아한다. 그래야 단순하기 때문이다.

제4단계:
보상 계획을 세워라

당신이 가석방을 원하는 재소자라고 가정해 보자. 하루 중 가석방 심사를 받기에 가장 좋은 때는 언제일까? 정답은 당신의 가석방 여부를 심사하는 사람들이 식사를 했거나 간식을 먹은 직후다.

한 연구에 따르면 가석방을 심사하는 판사들은 식사를 한 직후에 재소자들에게 유리한 판결을 내릴 확률이 더 높다고 한다(즉, 그들의 말에 귀를 더 기울인다는 뜻이다).[36] 가석방 승인 비율을 정리한 차트를 보면 판사들이 식사를 한 직후에 승인 비율이 훨씬 높아지는 것을 알 수 있다. 누군가를 석방하느냐 마느냐처럼 중대한 의사결정을 내리는 것은 자아 고갈의 원인이 된다. 의지력을 결정짓는 것과 똑같은 에너지원을 사용한다는 말이다. 여기서 음식은 소모된 에너지원을 회복시킬 수 있는 입증된 보상이다.

정말 말도 안 되지만 만약에 흙에 머리를 처박고 흙을 먹는 새로운 습관을 들인다고 가정해 보자(물론 싫겠지만 일단 한 번만 상상해 보자). 어떤 일이 벌어질까? 아마 대부분이 할 수 없다고 손사래를 칠 것이다. 이유는 뻔하다. 세상에 누가 그런 짓을 하고 싶겠는가? 하지만 뇌의 판단 논리는 '거기에 아무런 보상이 따르지 않기 때문'이다. 그것은 보상이라기보다 형벌에 가깝다. 따라서 우리의 뇌는 매우 단호하게 이 일을 하지 않으려 들 것이다.

습관도 사실은 이와 다르지 않다. 별다른 운동을 즐기지 않는 사람이라면 운동이 힘든 노동처럼 느껴질 수 있다. 대부분의 사람들은 커다란 원을 그리며 똑같은 곳을 뱅글뱅글 달리는 것이나 끊임없이 계단을 올라가는 것 같은 운동을 하고 싶어 하지 않는다. 헬스클럽에서 뭔가 무거운 걸 밀고, 당기고, 들어 올리고 싶어 하지도 않는다. 힘들고 불편하기 때문이다.

내 경험을 통해 보자면 헬스클럽에 가는 것은 몸매가 받쳐 주지 않을 때 정확히 세 배 더 힘들다. 마치 몸속의 근육들이 "이봐, 우린 자고 있었다고!"라고 말하는 것 같은 기분이 든다. 하지만 그래도 힘들게 운동을 하고 집에 돌아가 거울을 본다고 하자. 이때의 보상은 무엇일까? 온몸에 밴 끈적거리고 냄새 나는 땀? 이 시점에서 당신의 뇌는 "대체 이 힘든 노동의 보상이 무엇이냐?"라고 물을 것이다.

하지만 운동을 할 때 뇌에 주어지는 자연스러운 보상이 실제로 존재한다. 무산소 운동을 하면 뇌에서 기분이 좋아지는 엔도르핀이 분비되는데, 이를 '러너스 하이'(runner's high, 격렬한 운동 후에 맛보게 되는 황홀감-옮긴이)라고도 부른다. 흥미롭게도 역기를 드는 운동도 엔도르핀을 분비시킬 수 있다. 단, 무거운 것을 많이 들고 운동 강도가 높을 때만 그렇다. 강도가 낮거나 중간 정도의 역기 운동은 엔도르핀을 분비시키지 못한다. 신체를 무산소의 상태로 바꾸지 못하기 때문이다. 이에 대해 작가 톰 셰브(Tom Scheve)는 다음과 같이 말했다.

신체가 유산소 상태에서 무산소 상태로 옮겨 가면 갑자기 산소가 충분치 않은 상태로 움직이게 되고, 온몸의 근육과 세포들이 산소를 달라고 아우성을 치게 된다. 이때 바로 '러너스 하이'가 나타난다.[37]

무산소 상태를 명절 직전의 대형 마트라고 생각해 보자. 지칠 대로 지친 몸은 정상적인 활동을 할 수 없는 상태가 되고 늘어난 수요에 맞추려면 또 다른 모드로 바뀌어야 한다. 엔도르핀은 뇌에 좋은 자연적 보상이지만 어떤 이들에게는, 특히 운동을 시작한 초반에는 충분한 보상이 되지 못할 수도 있다. 운동이 벌을 받는 것처럼 느껴질 수 있기 때문에 그럴 때는 조금 더 큰 보상이 필요하다. 군대에서 운동을 일종의 체벌로 이용하는 것도 이런 이유 때문이다.

운동에는 초콜릿 복근, 상쾌한 기분, 건강 같은 주된 보상이 따르지만 이는 운동을 시작하고 나서 한참의 시간이 흘러야 맛볼 수 있는 것들이다. 그러는 동안 당신의 뇌는 당장 달콤한 케이크를 찾을 것이다! 케이크는 감각적(일차적) 보상이다. 설탕이 혀의 미뢰에 닿는 순간 뇌 속에서 보상을 담당하는 부분을 자극하기 때문이다. 반면 운동은 훌륭한 몸매로 해변을 거닌다든가, 기울인 노력에 만족감을 느낀다든가, 아니면 다른 고차원적 사고 같은 추상적인(이차적) 보상을 주로 제공한다. 이미 어느 정도 예상했겠지만 이 이차적 보상은 뇌 속에서 자리를 잡기까지 시간이 오래 걸린다.

당장의 보상이 주는 즐거움

강도 높은 운동이 가져다주는 엔도르핀이나 앞으로 한참 뒤에나 갖게 될 멋진 몸매 같은 것들은 처음에는 뇌에 만족스러운 보상이 되어 주지 못한다. 따라서 이때는 지원 부대를 동원할 필요가 있다. 다행히 우리에게는 여기에 쓸 수 있는 아주 좋은 방법이 있다. 우리가 시도하는 특정한 행동과 아무 관련 없는 보상이라도 계속해서 그 행동과 연관시키는 것이다. 이런 식으로 반복하면서 시간이 좀 흐르면 뇌는 그 행동과 보상을 서로 연관시켜 생각하게 된다. 그것이야말로 우리가 바라던 것이다! 그리고 결국에는 뇌도 그 행동에 따르는 보상을 필요로 하지 않게 된다.

왜 그리 많은 식품에 설탕이 들어 있는지 의문을 가져 본 적이 있는가? 잘은 모르겠지만 아마 설탕이 약하게, 혹은 중간 정도의 중독성이 있기 때문일지도 모른다. 사실 뇌에 보상을 제공하는 것은 거의 모두가 중독 위험이 있다. 지나치게 많은 양의 설탕을 섭취하는 것은 건강에 해롭지만 중요한 습관을 기를 목적이라면 적은 양의 칼로리 정도는 섭취할 가치가 있다고 본다. 여기서 관건은 적당한 수준을 지키는 것이다.

나는 뇌에 보상을 내리는 방식으로 웃음을 이용한다. 웃음은 우리의 기분을 좋게 만드는 물질을 분비시킨다. 때로는 글을 쓴 다음에 유튜브에서 '배드 립 리딩'(Bad Lip Reading, 유명한 노래나 정치인의 말, 영화 속 한 장면 같은 것들에 우스꽝스러운 가사나 대사를 덧입혀 만든 동영상 시리즈-옮긴이) 동영상을 찾아보며 신나게 웃는 시간을 갖는다. 다음번에 당신이 재미있는 유튜브 동영상을 보며 웃고 있는 모습을 누군가가 본다면 지금 뇌를 훈련시키는 중임을 알려 주도록 하자. 과학적인 원리에 따라 뇌에 보상을 주고 있다고 말이다!

습관을 들이는 비결은 아이에게 자전거 타는 법을 가르쳐 주는 것과 같다. 처음에는 뒤에서 자전거를 붙잡아 주면서 아이가 페달을 구르게 한다. 하지만 어느 단계에 이르면 자전거를 잡은 손을 놓고, 아이가 어른의 도움 없이 혼자 탈 수 있게 한다. 운동 습관도 이와 똑같다. 처음에는 운동을 한 뒤에 뇌에 부가적인 보상을 제공하는 것이 도움이 된다. 하지만 언젠가는 만족감과 엔도르핀만으로도 그 행동을 계속 유지할 수 있게 된다. 뇌는 이차적 보상의 가치를 알아보게 되고, 이는 여러 가지 면에서 설탕이 가져다주는 보상보다 훨씬 기분 좋고 강력하다. 물론 시간이 필요하지만 말이다.

감각적(일차적) 보상은 경험의 지속 시간만큼만 지속된다. 하지만 멋진 몸매를 갖게 되었다거나 뭔가 긍정적인 행동을 98일 연속으로 하는 데서 오는 만족스러운 기분은 오래도록 남는다. 지금 나는 이 글을 쓰면서 벽에 걸린 커다란 달력을 보고 있는데, 거기에는 작은 습관을 성공했을 때마다 그어 둔 커다란 'X'표들로 가득하다. 내가 얼마나 많은 성과를 이뤄 냈는지 보여 주는 증거인 것이다. 고작 달력에 쓰인 표시를 보면서 우쭐해 한다는 게 조금 한심해 보일 수도 있겠지만 내 뇌는 그 표시가 정확히 무엇을 뜻하는지 알고 있다.

기분이 좋아지고 싶은가? 어떤 연구에 따르면 자신의 성공을 자축하는 것이 삶에서 만족감을 느끼는 데 가장 효과적인 전략이라고 한다.[38] 이것이야말로 작은 성공을 축하하고 이용하는 방식을 기반으로 만들어진 작은 습관의 우수성을 증명하는 연구가 아닐 수 없다.

추가적인 보상 전략

보상을 얻기 위해 반드시 죽도록 고생만 해야 하는 것은 아니다. '잘 사는' 것 자체가 곧 즐거운 일이고, 좋은 습관을 만들어 가고 있다는 생각만으로도 충분히 만족감을 느낄 수 있다. 이 말은 운동을 하고 있다면 몇 주 뒤에 거울을 보면서 자기 자신에게 계획이 얼마나 잘 진전되고 있는지 일깨워 주라는 뜻이다. 글을 쓰고 있다면 그동안 늘어난 글쓰기 양을 스스로 자랑스러워 하자. 설사 매일 정해 놓은 최소한의 목표만 겨우 달성하고 있더라도 그렇게 굳어지고 있는 훌륭한 습관이 앞으로 더 많은 성과의 기초가 될 것임을 잊지 마라.

하지만 전략도 중요하다. 신호 없는 전략을 쓰고 있다면 행동을 취한 후에 보상을 찾아도 되고, 아니면 그때 기분이 어땠는지 잘 인지하고 있다가 보상이 필요하다고 느끼는 순간이 오면 그때 보상을 내려도 된다. 작은 습관은 기존의 습관 전략(큰 이차적 보상을 강조하는 전략들)에 비해 훨씬 더 큰 만족감을 준다. 커다란 성과를 거두고 신이 나는가? 그러면 그중 95퍼센트가 일종의 보너스, 즉 초과 달성에 의한 것일 때는 얼마나 기분이 더 좋겠는가? 물론 목표를 계획보다 더 많이 달성했을 때는 그런 행동을 앞으로 더욱 장려할 수 있도록 스스로에게 보상을 내리는 것도 좋다.

만족감 같은 추상적인 보상은 자신의 마음가짐과 크게 관련이 있다. 작은 성공을 축하하라고 강조하는 까닭도 그래서다. 성공은 더 많은 성공으로 이어진다. 우리가 성공이라는 결과와 그 느낌을 좋아하기 때문이다. 당신도 만족 지연을 좋아하는 법을 배우는 편이 좋을 것이다. 나중에 더 큰 보상이 온다는 기대감은 지금 당장 작은 보상에 만족해 버리는 유혹을 없앨 수 있는 또 다른 형태의 보상이다. 만족 지연을 연습하고 경험할수록 더 잘 반응하게 될 것이다.

내가 주로 따르는 법칙은 매일 목표를 달성하기 위해 노력하는 중에도 언제나 좋은 기분을 유지하는 것이다. 그래서 에너지가 떨어지거나

지칠 것 같은 순간이 가까워 오면 보상의 역할을 하는 휴식을 취한다.

보상은 의지력을 회복시킨다

보상은 반복 행동을 장려한다. 하지만 보상이 우리의 의지력 또한 회복시킨다는 사실을 아는가? 인지과학자 아트 마크먼(Art Markman)은 이렇게 말한다. "달콤한 디저트로 가득 채워진 뷔페 테이블 앞에 서 있을 때는 친구를 찾아 재미난 대화를 나눠라."[39] 얼핏 이해하기 어려운 말처럼 들릴지도 모른다. 하지만 종류를 막론하고 보상은 우리의 의지력을 회복시킬 수 있는 좋은 방법이 될 수 있다.

로이 바우마이스터 박사의 자아 고갈 개념을 바탕으로 진행된 다양한 실험에 따르면 인간은 당 수치가 회복되었을 때 자아 고갈을 극복할 수 있는 것으로 드러났다.[40] 그런데 일부 과학자들이 또 다른 의지력 회복 이론을 실험해 보고자 나섰다. 보상 역시 의지력을 회복시킬 수 있을까? 그들이 세운 가설은 설탕 자체가 아니라 설탕 섭취에서 오는 '보상'이 의지력을 회복시킬 수도 있다는 것이었다.[41] 설탕은 뇌 속 보상을 관장하는 중추를 활성화하는 것으로 알려져 있다.

일단 그들은 실험에 참가한 사람들에게 의지력을 고갈시키는 전형적인 행동을 요구했다. 그런 다음 한 그룹에게는 인공감미료를 넣은 용액을 마셨다가 뱉게 했고(인공감미료는 뇌의 보상 중추를 자극하지 않는다), 또 다른 그룹에게는 설탕 용액을 마셨다가 뱉게 했다(설탕은 혀와 접촉하면 보상 중추를 활성화한다). 그 결과 인공감미료를 맛본 사람들은 자아 고갈이 개선되지 않았지만 설탕물을 맛본 사람들은 개선되는 현상을 보였다. 즉, 그들의 의지력은 평소 수준으로 회복되었다.[42]

당 수치가 회복된 것은 아니었지만(설탕을 삼키지 않고 도로 뱉었음을 기억하라) 의지력이 회복된 것으로 볼 때, 뇌에 보상을 내리는 것이 의지력 회복에 적어도 약간의 영향을 미쳤음을 알 수 있다. 체중을 줄이고 싶어 하는 사람들에게는 좋은 소식이 아닐 수 없다. 식품이 아닌 보상만으로도 의지력을 회복시킬 수 있다는 뜻이니 말이다.

결국 "친구를 찾아 재미난 대화를 나눠라"라는 마크먼의 말은 뇌에 보상을 제공해서 의지력을 회복시키라는 뜻이다. 그러면 초콜릿 케이크를 먹고 싶은 유혹을 이겨 낼 가능성이 조금은 높아질 것이다(완전히 이길 수 있다는 게 아니라 가능성이 높아진다는 말이다). 의지력은 보통 나쁜 습관을 피하는 것과 주로 연관되지만 사람은 건전한 일을 할 때도 대개는 의지력을 이용한다. 따라서 보상은 좋은 행동을 더 장려하고 의지력을 회복시킴으로써 우리가 작은 습관을 들이고 유지할 수 있도록 돕는다.

제5단계:
모든 걸 적어 놓아라

뭔가를 기록으로 남기는 것은 그 뭔가를 다른 어떤 생각보다도 우선하게 만든다. 한 연구에 따르면 모든 생각은 긍정적이든 부정적이든 종이에 적어 놓았을 때 머릿속에서 가장 중요한 위치를 차지한다고 한다.[43] 타이핑의 경우에는 그와 같은 영향력을 갖지 못한다. 따라서 높은 효과를 원한다면 반드시 손으로 적어야 한다.

자신의 진척 과정을 기록할 수 있는 몇 가지 전략이 있다. 어떤 전략을 택하든 반드시 잠들기 전에 그날의 성공을 체크하기 바란다. 그전에 일을 다 마쳤다고 체크를 해 버리면 일을 끝냈다는 느낌 때문에 추가 목표를 달성하겠다는 동기나 의욕이 떨어질 수 있다. 또한 잠들기 전에 체크하면 웬만해서는 잊어버리지 않을 수 있다.

커다란 달력에 표시하기

이것은 내가 작은 습관의 진척 과정을 확인하는 데 쓰는 전략이다. 나는 내 방 벽에 커다란 달력을 붙여 놓았다. 그 옆에는 화이트보드를 걸어 작은 습관들을 적어 놓고, 목표를 달성한 날에는 달력의 해당 날짜에 'X' 표시를 한다(일주일에 세 번 가는 헬스클럽의 경우를 빼면 매일 그렇게 한다). 날짜 칸의 아래 왼쪽 구석에는 헬스클럽에 간 날을 표시한다. 그리고 토요일(일주일의 마지막 날) 칸의 위 오른쪽 구석에 조그맣게 표시를 한다. 그러면 그 칸만 보고도 그 주에, 아니면 그전 주에 헬스클럽을 몇 번 갔는지 알 수 있다. 이것은 단순하면서도 매우 효과가 높다. 목표를 달성한 날에 'X'를 표시하는 것은 수개월 동안 작은 습관을 실행해 왔음에도 불구하고 여전히 신나는 일이다!

헬스클럽에 가거나 팔굽혀펴기 한 번을 하는 식으로 선택적 작은 습관을 지키는 경우라면 헬스클럽에 간 날은 'G'(Gym), 팔굽혀펴기를 한 날은 'P'(Push-up)라고 적으면 된다. 그러면 일주일이 지나고 뒤돌아보았을 때 각각의 것을 얼마나 자주 선택했는지 알아보기 쉽다.

메모를 하지 않고 날짜만 체크해 지우는 경우라면 한눈에 모든 것을 볼 수 있는 1년 달력을 사용해 보자. 인터넷에 접속하면 무료로 출력해 쓸 수 있는 달력이 많으니 그것을 가져다 쓰는 것도 돈을 아낄 수 있는 좋은 방법이다. 펜을 들어 달력에 'X'를 표시하면 컴퓨터나 스마트폰에 디지털 방식으로 하는 것보다 더 직접적으로 성공을 느낄 수 있다. 또한 자주 보거나 눈에 띄는 곳에 달력을 붙이면 자신의 작은 습관과 진척 상황, 성공을 더욱 유념해서 확인할 수 있어 더 좋다. 이 모든 것의 효과를 과소평가하지 말자!

유명 코미디언 제리 사인펠트(Jerry Seinfeld)는 작은 습관의 개척

MON	TUE	WED	THU	FRI	SAT	SUN
1	2	3	4	5	6	7
8	9	10	11	12	13	14
15	16	17	18	19	20	21
22 29	23 30	24	25	26	27	28

사슬이 끊어지지 않게 하라!

자라 할 수 있다. 그는 매일 농담을 만들어 적어 두는 것을 목표로 삼고 이를 달성할 때마다 달력에 커다랗게 'X'를 표시했던 것으로 유명하다. 그는 매일 조금씩 발전하는 것이 습관을 형성하는 것은 물론 농담의 기술을 더욱 높이는 비결임을 알았던 것이다.

그가 이 비결을 처음 공개한 것은 어느 날 코미디 쇼를 하기 전, 젊은 코미디언 브래드 아이작(Brad Isaac)에게 들려준 이야기를 통해서였다. 후에 브래드는 《라이프해커》(Lifehacker)의 한 기사에서 사인펠트가 다음과 같이 말했다고 썼다.

며칠이 지나면 커다란 'X' 표시로 이루어진 사슬이 만들어지지. 계속 하다 보면 사슬이 매일 점점 더 길어져. 그걸 보는 게 즐거워질 거야. 그렇게 몇 주씩 이어지다 보면 말이지. 이제 해야 할 일은 그 사슬이 끊어지지 않게 하는 것뿐이야.[44]

작은 습관을 완벽히 요약한 말이 아닐까. 사슬이 끊어지게 해서는 안 된다. 그리고 작은 습관은 너무나도 쉬워서 실패조차 어려우므로 사슬이 끊어지는 유일한 경우는 그것을 잊었을 때뿐일 것이다. 하지만 까먹었다는 것도 좋은 핑계는 못 된다. 눈에 띄는 곳에 달력이 걸려 있을 테고, 그러면 밤마다 잠자리에 들기 전에 "오늘 작은 습관을 실천했나?"라고 되돌아보게 되기 때문이다. 작은 습관은 몇 달 후면 잊히고 마는 단순한 유행이 아니라 평생 동안 지속될 삶의 전략이라고 생각한다. 효과가 너무나도 높고, 그냥 포기하기에는 너무 유동적이라서 어떤 상황에서도 적용할 수 있기 때문이다.

작은 습관을 종이에 적어 두고 꾸준히 진행하면서 체크해 나가는 것이야말로 성공에 반드시 필요한 매우 중요한 과정이다. 절대 빼먹지 말자. 진척 과정을 확인하기 위해 어떤 방식을 쓰든지 반드시 잘 볼 수 있는 곳에 손으로 적어 두기 바란다.

디지털 기기 이용하기

진척 과정을 기록할 때 스마트폰을 쓰고 싶어 하는 사람들도 있을 것이다. 나는 여전히 아날로그 방식을 좋아하지만 스마트폰도 나름대로의 장점을 갖추고 있다. 첫 번째는 바로 접근성이다. 어디든지, 심지어 해외여행에도 가지고 갈 수 있다. 두 번째 장점은 가시성이다. 스마트폰은 팝업 기능 등을 통해 작은 습관을 실천하라고 알려 주는 구체적인 신호 역할을 하기도 한다. 스마트폰에서 사용할 수 있는 작은 습관 앱으로는 다음과 같은 것들을 추천한다.

① 리프트(Lift): 디지털 방식을 쓰고 싶은 스마트폰 사용자라면 리프트라는 앱을 적극 추천한다. 리프트를 사용하면 어떤 종류의 습관이든 일별 혹은 주별로 진행 상황을 추적할 수 있다. 이 앱은 작은 습관 시스템과 완벽히 어울리며, 며칠 연속으로 작은 습관을 달성했는지 확인할 수 있다. 심지어 비슷한 처지에 있는 다른 사람들과 동료 의식을 느낄 수 있도록 다른 리프트 사용자들과 연결도 가능하다.

주의: 이 앱은 '물을 더 많이 마시자' 같은 모호한 목표를 추천하기도 한다. 하지만 이런 목표는 금물이다. 물을 얼마나 더 마시라는 것인가? 샤워하다가 실수로 물을 몇 방울 삼켰다면 그걸로 충분한가? 이렇게 모호한 목표는 측정이 불가능할뿐더러, 구체적인 성공 혹은 실패의 피

드백을 주지도 못한다. 원하는 행동을 반복해서 실천하고 습관으로 만들기 위해서는 구체적인 피드백이 필수적이다. 매우 구체적이고 아주 사소한 목표를 세워라. 예를 들어 '물을 한 잔 마신다' 같은 것(신호 종류는 무엇이든 상관없다)이 좋다.

② 해빗 스트리크 플랜(Habit Streak Plan): 또 다른 습관 형성 앱으로 해빗 스트리크 플랜이라는 것이 있다. 이 앱에는 팝업 기능도 있어서 작은 습관을 실행에 옮기라는 일별 신호나 잠들기 전에 확인할 신호로 쓸 수 있다.

해빗 스트리크 플랜은 얼마나 오랫동안 목표를 달성했는지도 보여준다. 총 53일 중에 하루를 빼먹었다면 '52/53'이라고 뜬다. 그래서 변명의 여지 없이 100퍼센트 성공을 위해 노력해야 한다. 혹시 무슨 일이라도 생겨서(목표가 정말로 작다는 점을 감안하면 성말로 큰일이어야만 한다) 하루 못 하고 넘어갔다면 그 정도는 괜찮다. 그런데 이틀 연속으로 빼먹었다면 뭔가 잘못된 것이다. 작은 습관은 너무나도 쉬운 일이므로 이틀 연속으로 빼먹을 수가 없다. 때로는 실수할 수도 있지만 실수란 그렇게 자주 벌어지는 일이 아니다.

다시 한 번 말하지만 모호한 목표는 세우지 마라. 모호한 목표나 습관은 아무런 목표도 세우지 않는 것보다 더 나쁘다.

③ 데스크톱/노트북용 프로그램: 데스크톱에서 사용할 수 있는 가장 단순한 프로그램은 조스 골스(joesgoals.com)라고 생각한다. 정말로 단순하다. 리프트 앱의 데스크톱 버전인 Lift.do도 있다. 그리고 온라인에 무수히 돌아다니는 달력을 써도 좋다.

지금껏 써본 목표 관리 시스템 중에서 나는 골스 온 트랙(goalsontrack.com)이라는 목표/습관 프로그램을 가장 좋아한다. 실제로 이 프로그램을 사용했을 때 상당히 많은 진척을 볼 수 있었다. 이 프로그램에는 습관 추적 기능이 있어, 목표와 습관 진행 과정을 확인할 수 있는 다기능 프로그램을 찾고 있다면 강력하게 추천한다. 나야 습관 형성에만 초점을 맞추고 있지만 모두가 똑같이 원하는 것은 아니니 말이다.

전반적으로 나는 모바일 앱이 데스크톱이나 노트북용 프로그램보다 낫다고 생각한다. 이런 프로그램들은 스마트폰처럼 하루 24시간 접속하기가 힘들기 때문이다.

이런 앱이나 웹사이트에 접속해 보면 여기서 추천하는 다른 좋은 습관들을 많이 찾을 수 있다. 하지만 그 습관들이 잘게 쪼개져 있는 게 아니라면(확신하건대 그럴 리가 없다) 혹시 추가하고 싶더라도 꼭 참기 바란다. 그래도 정말로 마음에 드는 게 있다면 반드시 작게 만들도록 하자. 매일 팔굽혀펴기를 100번씩 하는 것은 정말 멋져 보일 수 있지만 이런저런 이유로 포기하고 나면 처음처럼 멋져 보이지 않을 것이다. 하루에 한 번만 하자는 목표를 세운 다음 그 작은 목표를 200일 넘게 연속으로 달성하거나 초과 달성하는 것이 훨씬 더 멋진 일이다.

제6단계:
작게 생각하라

더 높은 곳을 목표로 할 수 있는데도 왜 굳이 습관을 그토록 작게 만들어야 할까? 그러다 그 작은 목표에서 그치면 어떻게 해야 할까? 그래도 유용하다고 할 수 있을까? 물론이다. 그리고 그것은 의지력과 관계가 있다.

의지력에 장점이 있다면 강화시킬 수 있다는 것이다. 자기 기강이 강한 사람이란 곧 자신의 의지력을 강화시킨 사람을 뜻한다. 하지만 그것도 오직 어떤 일을 시작할 때뿐이다. 헬스클럽에서 가끔 보는, 정말로 멋진 근육을 자랑하는 사람들은 이제 하기 싫은 운동을 억지로 하려고 애쓸 필요가 없다. 그들은 이제 더 이상 의지력을 필요로 하지 않는다. 운동이 이미 그들의 뇌가 가장 선호하는 활동이 되어 버렸기 때문이다. 운동이 습관이 되면 이런 상황이 벌어진다. "이봐, 두뇌. 우리 운동해야겠는데." 그러면 뇌는 이렇게 대답할 것이다. "이미 뛰러 가고 있었거든. 너나 얼른 따라와."

습관으로 가는 길에서는 다음과 같은 세 가지 일을 해야 한다.

- 의지력을 강화시켜라.
- 매 순간 발전하라.
- 의지력을 고갈시키지 마라.

이 중 하나만 놓쳐도 문제가 생길 수 있다. 자기 통제력이 늘 약하기를 바라는 사람이 어디 있을까? 아주 약간의 발전을 위해 3개월씩 훈련하고 싶은 사람이 어디 있을까? 의지력을 다 써버리고 포기하고 싶은 사람이 어디 있을까? 당연히 없을 것이다.

사실 이 세 가지는 그리 쉬운 일이 아니다. 하지만 작은 습관은 이 세 가지 요건을 모두 충족시킬 수 있다. 지금부터는 이에 대해 하나씩 알아보자.

의지력 강화와 작은 습관

의지력이 겨우 하루에 두 시간밖에 유지되지 않는다면 아무리 강력하다고 한들 무슨 소용일까? 누구나 의지력이 하루 종일 지속되기를 바랄 것이다. 헬스클럽에서 지구력 훈련이라는 것을 할 때는 무게가 적게 나가는 역기를 여러 번 반복해서 드는데, 이것이 근육의 지구력을 키워 준다. 작은 습관도 마찬가지다. 의지력을 덜 필요로 하는 일을 더 자주 스스로 하게 해준다. 팔굽혀펴기를 한 번 하는 데는 의지력이 거의 필요하지 않다(어쩌면 당신이 생각하는 것보다는 아주, 아주 약간 더 필요할 수도 있다. 왜냐하면 의지력 면에서 볼 때는 뭔가를 시작하는 것 자체가 가장 힘든 부분이기 때문이다).

시간이 흐르면 이렇게 성취 가능한 일을 억지로 자주 반복했던 것이 우리의 의지력을 더욱 강하게 만든다. 연습인 셈이다.

발전과 작은 습관

작은 습관 시스템에 대해 사람들이 가장 많이 품는 의문은 하루에 팔굽혀펴기를 단 한 번, 혹은 긍정적인 생각을 단 한 번 하는 게 얼마나 의미가 있겠느냐는 것이다. 물론 일단 해보고 나서 어떤 일이 벌어지는지 직접 보라고 말하고픈 마음도 있지만 그전에 논리적으로 정확히 짚어 볼 필요가 있다. 언뜻 무의미할 정도로 작은 이 일이 어떻게 진짜 결과를 낼 수 있는 걸까? 성과를 만들어 내는 것은 다음과 같은 두 가지 방식을 통해서다.

① 목표의 추가 달성: 자신이 뭔가를 실행에 옮기는 걸 보는 것만큼 고무적이고 의욕을 유발하는 일은 없다. 이것이 작은 습관 전략의 핵심이다. 일단 뭔가를 하겠다는 의욕으로 가득할 때는 의지력이 필요 없다는 사실 말이다. 작은 습관을 실행할 때는 의지력에 100퍼센트 의존하지만, 목표를 초과 달성하고자 할 때는 의욕이 중요한 역할을 한다. 나는 일단 습관으로 삼고 싶은 행동을 시작했을 때는 매우 의욕이 높지만 실제 실행을 하기 전에 의욕이 생기는 경우는 아주 가끔뿐이다. 작은 습관은 의욕을 없애지 않는다. 오히려 의욕을 발생시킨다. 10년 동안 실행에 앞서 의욕을 북돋는 방식으로는 실패만 거듭했기에, 개인적으로 그런 방식에 대해 너무 잘 알고 있고 조금은 불만스럽기도 한 게 사실이다.

작은 습관을 실행할 때마다 나는 거의 매번 목표를 조금 더 달성한다. 여기에서 '거의 매번'이란 90퍼센트 이상을 말하고, '조금 더'는 사실 매우 많은 양을 뜻한다. "하나만 먹고 말 수는 없는걸."(Bet you can't eat just one)이라는 레이스(Lay's) 감자칩의 유명한 슬로건처럼, 작은 습관도 한 번으로 끝나지 않는다. 나는 당신이 팔굽혀펴기를 한 번만 하고, 아니면 글을 몇 줄만 쓰고 그만둘 리가 없다고 자신한다. 일단 시작하고 나면 더 하고 싶어질 것이다. 그리고 그 시점에 이르면 멈추는 것만큼이나 계속하기도 쉽다. 그런데 계속하고 싶지 않다면 어떻게 해야 할까? 매일 오직 정해진 양만 하고 싶을 뿐이라면? 성공하긴 틀린 것일까? 아니, 절대 그렇지 않다.

② 작은 습관 안전망(실제로 작은 습관 개발하기): 작은 습관을 실행하며 많은 이들이 품는 희망이 있다. 하루에 2~3줄 글쓰기를 목표로 삼되 실제로는 하루에 3장을 쓰는 습관을 갖고 싶어 하는 것이다. 하지만 그런 일은 바로 벌어지지 않는다. 처음에는 최소한의 목표만을 달성하더라도 작은 습관을 꾸준히 지키다 보면 그것이 습관으로 굳어지게 된다. 그러면 그때부터 정해진 양보다 더 하기가 훨씬 쉬워진다. 어떤 사람들은 인내심을 가지고 끈질기게 계속하는 것을 가장 어렵게 생각한다. 그런 사람들은 하루에 글을 2~3줄 쓰는 걸로는 성에 차지 않는다. 당장 7장씩 글을 써서 최대한 빨리 꿈을 이루고 싶어 한다.

여기서 좋은 소식을 하나 알려 주고자 한다. 하루에 글을 7장씩 쓸 수만 있다면 얼마든지 써도 좋다. 작은 습관에 상한선 같은 것은 없다. 하고 싶은 대로 하고, 무리해도 상관없다. 그저 그다음 날에도 정해진 양을 쓸 수만 있다면 괜찮다.

결론을 내리자면 초과 달성 없이 작은 목표만 달성할 수 있다고 해도 똑같이 습관이 된다(목표가 작으니 비교적 빨리 습관으로 자리 잡는다).

일단 그 행동에 거부감이 없어지면 이를 기반으로 습관을 더욱 발전시킬 수 있는 완벽한 위치에 서게 된다. 문자 그대로다. 어떤 행동을 한 단계 더 발전시킬 수 있는 완벽한 기반은 바로 그 행동을 실행으로 옮기는 습관이다.

이 점을 명심하라. 작은 습관은 절대로 당신의 발전을 저해하지 않을 것이다. 작은 불꽃이 불을 꺼뜨리지 않는 것과 마찬가지다. 작은 습관은 무제한의 잠재력을 가진 불꽃이다. 일반적인 목표라면 '하루에 A4 3장 글쓰기'가 되겠지만 이는 최소한의 양뿐 아니라 상한선도 정해준 것이나 마찬가지다. 3장을 다 쓰고 나면 만족감과 함께 '이 정도면 충분해.'라고 생각할 것이다. 하지만 나는 하루에 2~3줄이라는 목표를 세우고 하루에 8장 이상 쓴 적도 많다. 이 원리를 이해하는 게 매우 중요하다. 잘못 이해하면 작은 목표가 오히려 더 나은 발전을 막는다고 생각할 수 있다. 하지만 어느 시점에선가 그 작은 불꽃은 작은 불길이 되고, 나중에는 우리 모두가 거대한 모닥불 앞에서 마시멜로를 구워 먹으며 옛이야기를 하게 될 것이다.

지금 당장 진척을 원한다면 그렇게 하라. 원한다면 쓰러질 때까지 계속하라. 내가 이렇게 자신 있게 말하는 이유는 처음에는 누구나 의욕적으로, 기세등등하게 시작하는 경우가 정말 많기 때문이다.

의지력 고갈과 작은 습관

앞서 간략히 이야기한 적이 있다. 작은 습관의 훌륭한 점이 바로 실패할 여지가 없고, 실패를 두려워하지 않게 되며 죄책감도 느끼지 않게 되는 점이라고 말이다. 설사 의지력이 바닥나더라도 목표 자체가 너무나도 작기에 어떤 식으로든 해낼 수 있다. 팔굽혀펴기를 한 번 하거나, 책을 두 쪽 읽거나, 글을 2~3줄 쓰지도 못할 만큼 의지력이 약했던 적은 없었다. 단 한 번도 말이다. 바로 이런 이유로 작은 습관은 당신의 발전을 방해하지 않는다. 오히려 당신의 성공에 무척이나 중요한 기여를 할 것이다.

제7단계:
높은 기대를 버려라

'기대'란 우리에게 도움이 되기도 하고 그렇지 않기도 한다. 자신에 대한 기대치가 높을 때는 도움이 된다. 그 기대치 덕분에 스스로 목표의 상한선을 높이기 때문이다. 달리 말하면 멋진 몸매를 가질 수 있다고 믿지 않으면 절대 그렇게 될 리 없다(자기효능감 연구에서 확인한 것처럼 말이다). 물론 이런 믿음이 뭔가를 할 수 있는 능력을 높이는 것은 아니다. 그저 그것을 시도하고자 하는 의욕을 높일 뿐이다. 의욕만 높고 노력하지 않으면 당신이 원하는 일은 절대로 벌어지지 않을 것이다!

그러나 다른 특수한 종류의 높은 기대, 즉 매일 12킬로미터씩 달리겠다는 것이나 하루에 글을 5장씩 쓰겠다는 기대는 피하는 것이 최고다. 목표가 '모르는 사이에 슬금슬금 불어나는' 문제에 맞닥뜨리기 때문이다. 작은 습관 목표를 잘 보이는 곳에 대문짝만하게 써 붙여 놓아도 뇌는 당신이 지난 20일 동안 하루 2~3줄이 아니라 3장씩 써 왔다는 사실을 눈치챌 수 있다(초기에 내가 겪었던 실제 경험담이다). 우리의 뇌는 언제나 의도가 아니라 실제 행동을 인지한다.

잠재의식적으로 목표의 초과 달성은 뇌 속에서 새로운 기대치를 세운다. 그리고 이 새로운 기대는 당신이 이제껏 과거에 세웠던 모든 목표(다들 알고 있지 않을까? 달성하지 못했던 그 찬란했던 목표들 말이다)의 무게와 압력을 당신에게 부여한다. 따라서 자신의 일별 목표는 전혀 달라지지 않았음을 스스로에게 상기시키는 것이 무엇보다도 중요하다.

목표는 여전히 하루에 2~3줄 쓰기다. 계속해서 그것을 뛰어넘는다면 그 낮은 목표가 성에 차지 않을 수도 있다. 하루에 3장씩 써 왔던 기록을 계속 이어 나가고 싶지 않은 사람이 있을까? 이런 문제를 해소하려면 자신이 어떻게 여기까지 왔는지(목표는 원래 낮았다) 스스로에게 다시 한 번 상기시켜야 한다. 그리고 원한다면 계속 많이 쓸 수도 있지만, 2~3줄만 쓰고 그친다고 해도 절대 죄책감을 느끼거나 실패자가 된 것 같은 기분을 느껴서는 안 된다고 다짐하라.

작은 성공도 성공이다. 이 문장은 아무리 강조해도 부족하다. 이 원리를 제대로 이해하지 못하면 이 책을 읽는 것 자체가 시간 낭비다. 작은 습관이라는 전략의 모든 혜택과 장점은 자신이 원하는 목표를 '작게' 새기는 능력 하나에 달려 있다.

언제든 목표만 달성하고 그만두기가 망설여지거든 마음속에 숨은 또 다른 목표가 있는 게 아닌지 확인해 보자. 정말로 정해 둔 작은 습관을 목표로 하고 있는가? 아니면 자기도 모르는 사이에 목표가 더 커졌는가? 더 큰 목표는 당당히 거부하라. 작은 목표로도 더 많은 일을 해낼 수 있다.

일의 양에 높은 기대치를 두는 대신 일관성에 기대와 에너지를 모두 쏟아라. 인생에서 가장 강력한 도구는 바로 일관성이다. 그것이야말로 어떤 행동이 습관으로 자리 잡을 수 있는 유일한 길이다. 습관이 아닌 행동이 습관이 될 때, 비로소 우리는 뇌에 맞서 싸우지 않고 뇌와 힘을 합칠 수 있다.

제8단계:
징후를 찾아라. 단, 섣부른 판단은 금물이다

이 단계는 다시 한 번 인내심을 필요로 한다. 작은 습관 전략은 분명 효과가 있다. 하지만 어떤 행동이 습관으로 완벽히 자리 잡기 전에 다음 습관으로 넘어간다면, 초보 저글러처럼 던지던 공을 모두 떨어뜨릴 수 있다(나는 저글링을 잘하지 못한다. 하지만 하루에 1분씩 저글링을 연습하는 작은 습관을 시작한다면 얼마 지나지 않아 몰라보게 좋아질 것이라고 확신한다). 작은 행동이 습관으로 자리 잡았음을 나타내 주는 징후들은 다음과 같다.

- 거부감이 들지 않는다. 그 행동을 하는 것이 하지 않는 것보다 편하게 느껴진다.
- 자신의 정체성에 포함된다. 그 행동이 자신의 것이라고 느끼게 된다. 즉, "나는 독서가야." 혹은 "나는 글 쓰는 사람이야."라고 말하는 데 자신감이 생긴다.
- 생각 없이 하게 된다. 확실한 의사결정을 하지 않고 그 행동에 임하게 된다. '좋아, 헬스클럽에 가기로 결심했어.'라고 생각할 필요가 없어진다. 화요일이니까, 아니면 갈 시간이 되었으니

까 그저 짐을 챙겨서 가게 된다.

- 걱정하지 않게 된다. 처음 시작할 때는 하루 빼먹거나 빨리 그만두게 될까 봐 걱정했지만, 행동이 습관이 되면 뭔가 위급한 상황이 벌어지지 않는 한 그 일을 하게 될 것을 스스로 안다.
- 일상화된다. 습관은 감정을 불러일으키지 않는다. 일단 어떤 행동이 습관이 되면 '정말로 하는 거야!'라고 흥분하지 않게 된다. 어떤 행동이 일상으로 변하면 그것이 곧 습관이다.
- 따분해진다. 좋은 습관은 그리 신나지 않는다. 그저 자신에게 유익할 뿐이다. 그 습관 덕분에 삶에 더 활기가 돌겠지만 그 행동 자체로 들뜬 기분이 될 것이라고 기대하지는 마라.

경고! 초과 달성에 대처하는 방법

목표의 초과 달성은 내가 이 시스템을 그토록 사랑하는 이유 중 하나다. 단, 목표를 반복적으로 초과 달성하면 의지력이 그 정도 수준의 일을 실제로 감당할 수 있게 되기 전에 꾸준히 초과 달성할 수 있다는 기대감을 갖게 될 수 있으니 주의해야 한다. 이는 좋기도 하고 한편으로는 나쁘기도 하다. 뇌가 당신이 목표한 행동을 습관으로 받아들이기 시작한다는 점에서는 좋지만, 그 때문에 지나치게 일찍 기대치가 커져서 작은 습관의 장점을 무너뜨릴 수 있다는 점에서는 문제가 된다. 작게 시작하고 기대치의 압력을 없애는 것이 우리가 성공을 위해 해야 할 일이다. 그리고 이 방법은 효과가 큰 만큼 최대한 오랫동안 유지해야 한다.

다시 한 번 말하지만 더 많이 해서는 안 된다고 이야기하는 게 아니다. 오늘은 정말로 8킬로미터를 달리고 싶은데 자신의 목표가 현관문 밖으로 나가는 것뿐이다? 괜찮다. 얼른 나가서 8킬로미터를 달려도 좋다. 하지만 그렇다고 목표를 8킬로미터 뛰기로 바꾸지는 마라. 언제든 내키지 않으면 작은 목표만 달성하고 곧장 집 안으로 들어가도 좋다 (물론 그렇게 하는 게 자유라고 해도 곧장 발길을 돌려 집 안으로 들어갈 일은 자주 없을 것이다).

처음부터 초과 달성을 하지 못한다고 해서 걱정할 필요는 없다. 나 같은 경우 글쓰기 습관은 금세 불이 붙어 활활 타올랐지만 읽기 습관은 시작한 지 57일이 지난 뒤에야 지속적으로 초과 달성을 할 수 있었다. 어떤 습관의 불꽃은 다른 것보다 피우기 어렵다. 대체로 그 습관에 대한 당신의 관심 수준이나 처음 목표를 넘어서는 것에 대해 당신이 인지한 어려움에 따라 달라진다.

나는 거의 매일 목표한 양보다 훨씬 많이 글을 썼지만 항상 분량을 자유롭게 택할 수 있다는 점에서 위안을 느꼈다. 원한다면 언제든 2~3줄에서 멈출 수 있었다. 해야 할 다른 일이 있으면 목표한 분량만 쓰고 나머지 시간을 다른 일에 쓰면 되었다.

목표를 초과 달성한다면 어떨까? 좋은 일이다. 못 해낸다면 어떨까? 그래도 역시 좋은 일이다. 그냥 괜찮은 정도가 아니라 좋다. 우리에게는 모든 진척이 소중하다. 뇌를 바꾸는 것은 쉬운 일이 아니기 때문이다. 하지만 작은 습관 방식이라면 쉽다. 그렇지 않은가? 듣기만 해도 움츠러드는 무시무시한 목표와 씨름하거나 바닥난 의지력에 매달려 전전긍긍하는 것과 비교하면 훨씬 더 나은 결과를 가져다주는, 식은 죽 먹기나 다름없는 일이다.

제7장

작은 습관을 위한
체크리스트

"규칙을 잘 알아 두어라. 효과적으로 어길 수 있게."

-14대 달라이 라마

어떤 규칙은 어기라고 존재한다. 작은 습관의 규칙은 그렇지 않지만 달라이 라마의 말은 여기에도 적용된다. 일단 뭔가를 완전히 익히고 나면 규칙을 몰라도, 규칙을 지키지 않아도 해낼 수 있다. 관건은 그 규칙 뒤에 숨겨진 원칙들을 이해하는 것이다.

물론 이 규칙들은 유용하고 긍정적이기 때문에 적용하기도 전에 어길 생각은 할 필요가 없다. 오히려 작은 습관을 실천하는 데 어려움을 느끼고 있다면 아마도 이 규칙들 중 하나를 어기고 있기 때문일 것이다.

체크리스트 1: 부정행위는 금물이다

작은 습관 시스템에서 부정행위를 하는 경우는 몇 가지가 있다. 먼저 가장 흔한 것은 예를 들어 하루에 팔굽혀펴기를 한 번 하기로 습관을 정해 두고 은밀히 마음속으로는 두 번 이상을 하겠다는 목표를 세우는 것이다. 이렇게 하지 않도록 주의해야만 하는 이유가 있다. 아주 작은 목표라도 목표를 더 추가할수록 그것을 지키기 위해 의지력이 더 많이 필요해지기 때문이다.

만일 당신이 그렇게 추가로 늘어난 의지력 정도는 감당할 수 있다손 치자. 한 번에 여러 가지 작은 습관을 진행하는 경우는 어떻게 할 것인 가? 나는 당신의 성공을 보장해 주고 싶지, 당신이 성공과 실패의 경계 선 위를 아슬아슬하게 걷기를 바라지 않는다. 원한다면 언제든 추가로 더 할 수 있다. 따라서 초과 행동은 목표가 아닌 자발적인 보너스로 삼 도록 하자. 더 하고 싶은데 거부감이 느껴진다면 먼저 목표량을 마치 는 것을 우선순위에 두고 추가로 조금씩 더하면 된다.

다른 습관 프로그램이나 자기계발 전략과 달리 작은 습관에는 방해 요소가 매우 드물다. 해야 할 것이 팔굽혀펴기나 윗몸일으키기 한 번 에 불과하다면 무엇이 성공을 막겠는가? 목표가 작아도 상관없다. 이 미 우리는 뇌가 성공에 익숙해지도록 훈련시키는 동시에 언젠가 성취 하고픈 궁극적인 목표의 작은 버전을 쌓아 가는 중이다(당신의 의욕 정 도에 따라 그 '언젠가'는 매우 빨리 찾아올 수도 있다).

당신도 나와 비슷하다면 생각한 것보다 빨리 더 큰 목표를 달성할 수도 있다. 하지만 부디 제발, 기대치를 높이지는 말자. 기대를 하지 않으면 분명 더 하고 싶은 욕심이 생길 것이다. 시작의 힘이 얼마나 강력한지 깨닫게 될 때, 그리고 예전부터 이런 일들을 하고 싶었던 의욕이 충만했다면(그전에는 휴면 상태에 있었을 것이다) 앞으로 당신의 인생은 정말로 즐거워질 것이다.

체크리스트 2:
어떤 진척이든 만족하라

작은 진척에 만족한다는 것이 곧 낮은 수준에 안주한다는 뜻은 아니다. 여기에 딱 들어맞는, 작고한 영화배우 이소룡이 한 말이 있다. "만족하라. 하지만 안주하지는 마라."(Be happy, but never satisfied.) 그는 32년이라는 짧은 일생 동안 보통 사람 두 명이 각각 80년간 살면서 할 수 있는 것보다 많은 일을 해냈다. 그래서 나는 그의 말을 명심하고 따르려 애쓴다.

TED(Technology, Entertainment, Design) 강연에서 인디음악 인터넷 사업가이자 가수인 데릭 시버스(Derek Sivers)는 야외에서 한 남자가 춤을 추는 동영상을 보여 주었다.[45] 처음에는 음악에 맞춰 미친 듯 혼자 춤을 추는 남자가 조금 바보 같아 보였다. 그런데 조금 시간이 지나자 한 사람이 그 옆에 서서 함께 춤을 추기 시작했다. 조금 뒤에는 두 명이 더 나타났다. 시간이 더 흐르자 또 한 사람이, 그리고 또 한 사람이 춤을 추었다. 춤을 추는 사람이 10여 명이 되자 한 무리의 사람들이 거기에 뛰어들었다. 이제 수십 명의 사람들이 제멋대로 춤을 추고 있었다. 정말이지 놀라운 광경이었다.

이 춤판의 시작은 단지 한 남자가 춤을 춘 것이었다. 이것은 당신이 시작하려는 작은 습관이 당신에게 어떤 의미가 될 것인지 정확히 보여 준다. 나중에 합류한 사람들은 잠자고 있던 당신의 꿈, 뭔가를 실행하기에 겁이 나고 두려워했던 그 꿈과 같다. 남들의 시선을 받으며 춤을 추기에는 자신감이 부족했던 것이다. 처음으로 춤을 추기 시작했던 남자는 작은 목표를 시작하겠다는 당신의 결단과 같다. 목표를 시작하고 당신은 깨닫는다. '이런, 내가 실제로 이걸 하고 있잖아?' 그때 잠자고 있던 꿈과 열정이 깨어나 당신을 더욱 격려한다. 필요한 영감과 꿈은 이미 당신의 안에 있다. 그저 잠자고 있을 뿐이다. 작은 습관으로 그것을 깨워라.

작은 습관은 근본적으로 뇌를 속이는 꽤 단순한 속임수와 같다. 하지만 시작에 가치를 두고, 행동이 동기보다 선행하게 하고, 작은 발걸음이 쌓여 거대한 도약이 될 수 있다고 믿는, 하나의 인생철학이기도 하다. 작은 습관을 완성한다는 것은 당신 안의 한 남자가 춤을 추고 있다는 뜻이다. 그 사람에게 응원을 보내라. 그가 당신의 개인적 성장이라는 파티를 시작하고 있다는 사실을 인지하라. 모든 진척을 기뻐하라.

체크리스트 3:
자주 보상을 내려라

보상 자체가 보상이라면 어떨까? 달리 말해 보상을 받을 때 보상 자체 말고도 다른 혜택이 따른다면 어떨까? 보통 보상이란 우리가 어떤 좋은 일을 하는 대가로 받는 것이라고 생각한다. 하지만 보상 자체도 보상을 돌려줄 수 있다. 작은 습관을 실행하고 스스로에게 보상을 주었을 때(음식이든, 밤 외출이든, 거울을 보고 자기를 칭찬하든) 그 보상은 작은 습관을 다시 실행하라고 격려하는 방식으로 당신에게 보상을 돌려준다.

이는 궁극적으로 선순환 고리를 만든다. 당신은 이제 훌륭한 삶을 사는 데 중독될 것이다. 그런 결과가 좋지 않다면 대체 뭐가 좋을까? 긍정적인 행동은 지금, 그리고 나중에도 당신에게 보상을 내릴 것이다. 대부분의 건전한 행동(건강을 위해 브로콜리를 생으로 먹는 것 등)은 당장은 제한된 보상을 주지만 장기적으로는 더 나은 보상을 주기 때문

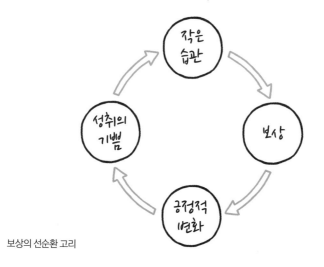

보상의 선순환 고리

에 초기 단계에 일종의 격려를 해주는 것이 도움이 된다. 나중에 자신의 건강과 기분이 훨씬 나아졌음을 느꼈을 때 그것이 브로콜리 덕분이었음을 깨닫고 미소 지을 것이다.

특히 습관을 들이는 초기 단계에서는 시작이야말로 가장 힘든 부분이다. 처음에는 결과가 보잘것없이 느껴질 것이다. 온몸이 뻐근할 정도로 힘들게 운동한 뒤에 거울을 봐도 처음에는 아무런 변화가 없다. 브로콜리를 먹은 뒤에도 달라진 점이 없을 것이다. 글을 쓴 첫날에 책한 권이 생겼을 리 만무하다. 하지만 이런 일들을 장기적으로 하다 보면 당신은 틀림없이 건강하고 날씬한 몸과 서너 권의 장편소설을 갖게 될 것이다. 물론 우리가 자신에게 보상을 내리는 것을 까먹을 리는 없겠지만 일단은 이것도 규칙으로 잘 기억해 두기 바란다.

체크리스트 4:
분별력을 유지하라

작은 습관을 실천하는 동안에는 침착한 마음가짐과 신뢰를 유지해야 한다. 나는 지난 몇 달 동안 너무나도 많은 발전이 있었지만 지나치게 흥분하지 않았다. 때로는 따분하기도 했다. 승자와 패자가 다른 점이 있다면 패자는 일이 따분하고 지루해지면 그만둔다는 것이다. 중요한 것은 의욕과 동기가 아니다. 평생을 함께할 좋은 습관을 기르기 위해 자신의 의지력을 이용하고 유지하는 것이 무엇보다 중요하다.

습관을 키우는 데는 침착한 마음가짐이 최고다. 흔들림 없고 예측 가능하기 때문이다. 스스로 발전하는 모습을 보면서 흥분될 수도 있겠지만 그 흥분을 실행의 발판으로 삼아서는 안 된다. 이런 식으로 감정에 의존하는 것이야말로 수많은 자기계발 계획을 망치는 지름길임을 잊지 마라.

체크리스트 5:
강한 거부감이 들면 한 발 후퇴하라

많은 이들이 어떤 일을 할 때 거부감이 들면 더 힘껏 돌파해야 한다고 생각한다. 하지만 난 그게 바보 같은 생각이라고 말하고 싶다. 의지력이 한정되어 있다는 것은 우리 모두 이미 알고 있지 않은가? 지금 자신이 감당할 수 있는 수준 이상으로 밀어붙이다 보면 얼마 지나지 않아 의지력이 고갈되어 쓰러질 것이다. "지금 할 수 있으니 나중에도 할 수 있지 않을까?" 이는 나중에 그것을 하고 싶은 열망이나 의지력이 부족해지는 상황을 전혀 고려하지 않은 무책임한 생각이다.

이렇게 상상해 보자. 당신은 지금 소파에 앉아 있다. 운동을 하고 싶은데 막상 자리에서 일어나기는 싫다. 강한 거부감이 든다. 이럴 땐 어떻게 해야 할까? 뇌를 살살 달래서 원하는 것을 하도록 만들어야지, 쓸데없이 싸움을 벌여서는 안 된다. 거부감이 최소한으로 줄어들 때까지 목표를 점점 더 줄여 넌지시 제안해 보자.

목표가 헬스클럽에 가서 운동하는 것이라면 일단 헬스클럽까지 가는 것으로 목표를 줄여라. 상황이 정말로 좋지 않다고 치자. 지금 당신이 할 수 있는 일은 옷장을 여는 게 전부다. 그렇다면 옷장 문을 연 다음 운동복을 꺼내 입어라. 바보 같은 소리로 들린다면 잘됐다! 바보처

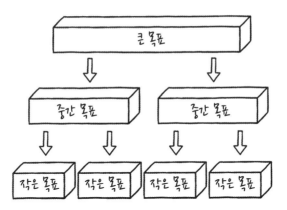

모든 훌륭한 업적은 매우 작은 목표들로 이뤄져 있다.

럼 들린다는 것은 당신의 뇌가 오케이 신호를 보내고 있는 것이다. 이 한심할 정도로 작은 목표는 보안 카메라와 경보 시스템을 교묘히 피하는 전문 보석털이범처럼 뇌의 레이더망을 피해 갈 수 있다. 그러면 무슨 일이 벌어지고 있는 건지 뇌가 알아차리기도 전에 당신은 헬스클럽의 러닝머신 위에 올라설 수 있을 것이다. 작은 목표는 이처럼 효과가 뛰어나다.

좋은 소식은 지쳐서 아무것도 하고 싶지 않더라도, 한심할 정도의 작은 걸음만으로도 그 피로를 이겨 낼 수 있다는 것이다. 지쳐 쓰러졌다는 것은 곧 의지력이 바닥났음을 뜻한다. 이런 현상은 하기 싫은 일을 너무나도 많이, 너무 오래 억지로 할 때 발생한다. 하지만 지쳐 바닥에 쓰러져 있는 상태에서도 '이봐, 힘든 건 알지만 지금 팔굽혀펴기 딱한 번만 하면 안 될까?'라고 뇌를 달랠 수 있다. 그런 다음에는 몇 번더 할 정도의 의욕이 생길 수도 있고, 아니면 그때부터 이 한심할 정도로 작은 목표를 여러 차례에 나눠 몇 번 더 할 수도 있다.

이 전략이 정말 진심으로 말도 안 되게 우스꽝스럽고 한심하다는 생각이 든다면 그건 당신이 그 이상을 할 수 있다고 생각하기 때문이다. 원하는 일을 작은 목표로 잘게 나누는 것은 자존심이 허락하지 않을지 모른다. 하지만 생각해 보자. 모든 훌륭한 업적은 매우 작은 단계들로 이뤄져 있다. 이를 한 번에 하나씩 밟고 올라서는 것은 결코 나약한 게 아니라 신중하다는 것을 반영한다.

나 역시 팔굽혀펴기 한 번이라는 도전에서 처음 그 한 번을 하기 전까지만 해도 그따위 목표는 매우 하찮은 것이라고 느꼈다. 팔굽혀펴기를 한 번 해봤자 아무 소용이 없다고(운동 효과로 따지자면 손뼉을 한 번치는 것과 뭐가 다르겠는가?) 생각했다. 하지만 결과적으로 그 덕분에 30분이나 운동을 하게 되자 내 생각은 완전히 바뀌었다. 그러니 당신도한번 해보라. 이 전략을 썼을 때 그 무엇도 자신을 멈출 수 없다는 사실을 직접 느껴 보기 바란다.

어떤 일이든 거부감이 느껴질 때면 나는 그것을 잘게 쪼개서 아주작은 행동으로 만든다. 그러면 만사 해결이다.

체크리스트 6:
얼마나 **쉬**운 **일**인지 **스**스로에게 **상**기시켜라

작은 습관을 실행하기 전에 거부감이 든다면 아마도 이 습관이 얼마나 쉬운지 제대로 이해하지 못하기 때문일 것이다. 작은 습관을 시작하고 한 달쯤 지난 어느 늦은 밤, 나는 책 두 쪽을 읽는 것에 대해 문득 강한 거부감이 들었다. 그 전날 꽤 많은 양을 읽었다는 사실을 떠올리고는 그날도 똑같이 많이 읽어야 하는 것 아니냐고 생각했던 것 같다. 그래서 스스로에게 다시 한 번 알려 주었다. '내가 해야 할 일은 두 쪽을 읽는 것'뿐이라고 말이다.

작은 습관의 장점을 뒷받침하는 또 하나의 흥미로운 일화가 있다. 앨런 카(Allen Carr)의 베스트셀러 《스탑 스모킹》(The Easy Way To Quit Smoking)이라는 책은 기대한 것보다 훨씬 더 대단한 금연 성공을 이끌어 내며 화제가 되었다. 이 책에서 이용한 기본 테크닉은 무엇이었을까? 카의 책과 다른 많은 금연 전략의 차이가 무엇인지 당신은 알고 있는가? 릭 폴라스(Rick Paulas)라는 기자는 이 책의 놀라운 성공에 대해 다음과 같이 썼다.

이 책의 내용에서 가장 놀라운 점은 아마도 다른 책에서는 무엇보다 중요하게 여기는 정보들이 빠져 있다는 사실일 것이다. 여기에는 폐암과 심장마비, 뇌졸중 같은 질병의 통계가 없다. 금연 캠페인 웹사이트인 더트루스닷컴(TheTruth.com)에서 쓰는 '겁주기(공포) 전략' 같은 것도 없다. 역겨운 입 냄새와 누렇게 변하는 치아 색 같은 것을 강조하며 성생활에 어려움을 겪을 것이라고 으름장을 놓지도 않는다. 저자 카는 "건강에 나쁘다고 겁주는 것은 금연을 더 어렵게 만든다."고 말한다. 카는 책에서 단 한 문장만을 계속해서 강조한다. 금연은 쉽다. 금연은 쉽다. 금연은 쉽다. "굉장히 반복적이에요. 읽다 보니 그런 생각이 들었습니다. '최면이라도 거는 거야?' 하는 생각이 들더라고요." 흡연자인 톰킨스의 말이다.[46]

카가 진행하는 다섯 시간짜리 세미나는 53.3퍼센트의 금연 성공률을 자랑한다. 다른 금연 전략들을 납작하게 눌러 버리는 대단한 수치다(다른 금연 전략들의 성공률은 대략 10~20퍼센트 정도에 그친다). 고작 정보를 제공하는 세미나에서 이 정도의 성공률을 보인다는 사실도 놀라운 일이다. 흡연자를 상대로 직접 상담을 해주는 것도 아니고, 혈류에 니코틴을 공급하는 패치를 붙이는 것도 아닌데 말이다.

그렇다면 비결이 무엇일까? 이 전략의 핵심은? 여기에 숨겨진 마법은 대체 무엇일까? 카는 흡연자들이 의식적으로나 잠재의식적으로 금연이 쉽다고 믿게 만든다. 많은 이들이 그렇듯 금연이 어렵다고 생각한다면, 그런 생각 자체가 실행을 더욱 어렵게 만들고 시작을 가로막는 것은 아닐까?

작은 습관 역시 긍정적 행동을 습관으로 삼는 것이 쉽다고 믿게 만든다. 지금은 잘 믿기지 않는다고 해도 일단 그런 일이 벌어지고 나면 믿을 수밖에 없을 것이다.

의욕을 끌어모으려다 실패했던 나날들은 잊어라. 처참히 패배했던 의지력과의 전쟁도 잊어라. 이 방법은 너무나도 쉬워서 절대 지지 않을 수 있다. 지지 않으면 이기게 된다. 시간이 흐르면 잠재의식이 바뀔 것이고, 거기서부터는 행동을 바꾸기가 더 쉬워진다.

그렇다면 이런 일들(우리가 원하는 건전한 행동들)이 애초에 왜 그리 어렵게 느껴졌을까? 컴퓨터에 앉아 글을 몇 자 쓰는 게 왜 그렇게 어려웠을까? 몸을 좀 움직이는 게 왜 그토록 힘들었을까? 한 시간 정도 자리에 앉아서 책에 적힌 글자를 읽는 게 왜 어려웠을까?

이런 일들이 그리도 버거운 일이 된 이유는 따로 있다. 원하는 꿈을 이뤄 내기 위해서는, 아니 빨래를 하는 것처럼 간단한 일을 해야 할 때도 무조건 "동기가 충만"해야 한다고 잔소리를 해대는 우리 사회에 세뇌되었기 때문이다. 온당치 못한 사회 규범에, 우리의 능력에 한계를 설정하는 잘못된 믿음에, 감당하기 힘든 버거운 목표에 뇌가 길들여졌기 때문이다.

보통 사람의 잠재의식은 마치 길들여지지 않은 야생의 상태와도 같아서 한 번에 뇌를 바꾸려 하다 보면 가지고 있는 에너지를 모두 써 버리기 일쑤다. 그런데 작은 습관은 이렇게 뇌를 달랜다. '있잖아, 그거 알아? 운동은 힘든 게 아냐. 아주 쉬워. 지금 잠깐 엎드려서 팔굽혀펴기 한 번만 할게. 정말, 정말로 쉬운 거야. 너무 쉬워서 빼먹지 않고 매일 할 수도 있어. 그래서 앞으로 그렇게 하려고.' 그런 다음 팔굽혀펴기 자세를 취해 보자. 일단 한 번을 하고 나면 한 번 더 하는 것 역시 아주 쉽다는 사실을 깨닫게 된다. 그러고 나면 서너 번을 더 하는 것 역시 상대적으로 쉽다. 그쯤 하고 나면 계속하고 싶은 마음이 생겨난다. 살면서 꾸준히 운동을 하고 싶다는 당신의 열망이 실제로 이렇게 할 수 있다는 깨달음과 조우하기 때문이다.

앞으로 당신이 이뤄 낼 훌륭한 결과를 생각하면 내 기분이 다 좋아진다. 당신은 어려움과 쉬움이 상대적이라는 사실을 깨달을 것이다. 왜 어떤 사람은 아침에 일어나 동네 한 바퀴를 달리는 것도 버거워하는데, 어떤 사람은 100킬로미터가 넘는 장거리 경주에 나갈 수 있을까? 바로 마음가짐의 차이 때문이다. 오늘날 알려져 있는 다른 전략들을 쓴다면 뇌를 바꾸기 위해 고생깨나 할 것이다. 그런 전략들은 모두 동기부여를 강조하거나 '힘들어졌다고 포기해서는 안 된다'는 식으로 막무가내로 당신을 닦달한다. 그런 식의 값싼 동기부여는 오래가지 못한다.

작은 습관은 당신의 인생을 안에서 밖으로 바꿔 놓도록 고안되었다. 당신이 실천해야 할 작은 목표는 계속해서 당신의 마음속에 불을 지피면서 절대 꺼지지 않는 불꽃으로 남을 것이다. 그것이야말로 제대로 된 전략이 아닐까? 시작한 지 3주가 지나면 '와, 나 아직도 계속하고 있는 거야?' 하며 놀라워할 것이다. 6주가 지나면 결과(이제껏 쓴 글의 양, 늘어난 근육량, 줄어든 체중 등)가 눈에 보이고, 스스로 한계라고 생각했던 것들이 바로 눈앞에서 산산이 부서질 것이다. 작게 생각하면 거인이 될 수 있다. 당신이 빠르게 전진하도록 가속도가 붙는 모습에, 당신의 마음속에서 일어나는 마음가짐의 변화에 스스로도 놀랄 것이다. 내가 그랬던 것처럼 말이다.

지금 당신이 읽고 있는 이 책이 바로 작은 습관의 결과물이라는 것을 알고 있는가? 만성적인 귀차니즘에 시달리던 나라는 사람이 어떻게 블로그에 하루에만 7장 분량의 글을 쓰면서 동시에 이 책을 써낼 수 있었을까? 나는 그저 하루에 2~3줄 글쓰기라는 작은 목표를 세웠던 것뿐이다. 그런데 첫 주에는 평균 A4 1장을 썼고, 둘째 주에는 2장을 썼으며, 셋째 주에는 매일 3장 이상을 썼다. 그렇다고 노력을 더 많이 한 것은 아니었다. 그저 글쓰기가 전보다 쉬워졌을 뿐이었다.

작은 습관을 이용했을 때 다가올 변화를 볼 수 있기를 바란다. 기대해도 괜찮다. 하지만 기대와 흥분은 당신을 오래 지탱해 주지 못할 것이다. 당신이 의지할 수 있는 건 삶에서 가장 큰 변화를 이끌어 내기 위해 가장 작은 일들을 하고자 하는 매일의 노력이다.

아직도 의심스럽다면, 괜찮다. 그저 한번 해보면 알게 될 것이다.

체크리스트 7: 너무 **작**아 **효**과가 **없**는 **목표**는 **없**다

목표가 너무 작다는 생각이 든다면 접근 방식이 틀린 것이다. 모든 생명체는 현미경으로 봐야만 보이는 작은 세포로 이루어져 있듯이, 모든 큰 프로젝트도 사실은 작은 단계들로 이뤄져 있다. 그리고 이렇게 작은 단계를 반복해서 밟아 나가야 뇌를 제어할 수 있다. 의지력이 약한 경우라면 이 작은 단계야말로 당신이 전진할 수 있는 유일한 방법이기도 하다. 작은 단계를 믿고 이용해 보자. 그 결과 나타난 엄청난 변화에 당신이 먼저 놀랄 것이다.

체크리스트 8:
큰 목표가 아닌 초과 달성에 에너지를 쏟아라

조금이라도 빨리 큰 결과를 얻고 싶어 조바심이 난다면 목표 초과 달성에 에너지를 쏟아라. 목표를 크게 잡으면 일단 보기에는 좋지만 여기서 중요한 것은 실천이다. 거창한 목표 아래 보잘것없는 결과만 얻는 수많은 사람들 중 하나로 남지 말고, 보잘것없는 목표 아래 거창한 결과를 얻는 단 한 명의 사람이 되도록 하자.

당신의 인생을
'작은 습관'으로 채워라!

작은 습관 시스템의 수정 버전이 있다. 바로 목표를 점차 높여 나가는 것이다. 나는 이 버전은 하지 않는 편을 택했다. 목표가 커질수록 시간적 자유와 유동성, 자율성을 잃기 때문이다. 사실 나는 작은 습관을 진행하면서 이렇게 할 필요성을 느낀 적이 없었다. 최소한의 목표를 겨우 달성한 날에만 목표를 실질적으로 체감했기 때문이었다(그리고 그런 날이면 목표가 매우 작다는 점이 무척이나 기뻤다).

날마다 최소한의 목표만 겨우 달성하고 있는 경우라면 목표를 높이는 것도 바람직하다고 볼 수 있다. 하지만 그렇다 하더라도 목표를 높이기 전 한 달 정도는 여유를 가지고 이전 방식대로 진행하기 바란다. 매우 쉽게 정해 놓은 목표를 넘어서지 못하고 매일 턱걸이만 하면서 시간이 꽤 오래 흘러간다면 작은 습관이라는 전략이 당신에게 그다지 맞지 않는 경우일 수 있다. 그래도 안전망이 있다는 사실을 잊지 말자. 그 목표는 여전히 하나의 작은 습관으로 자리 잡을 것이고, 작은 습관은 나중에 더 크게 키우기가 상대적으로 쉽다.

고정된 구조 아래 더 높은 결과를 내는 스타일이라면 그런 방식을 고려해도 좋다. 하지만 어떤 행동이 습관으로 굳어지기 전까지는 목표를 높이는 게 위험할 수 있다. 그래도 높이고 싶다면 아주 천천히 올려가기를 권한다.

일단 습관이 굳어지면 목표를 높여 볼 수 있다(내가 6개월 동안 팔굽혀펴기를 하루에 한 번 하기로 하다가 헬스클럽에 다니는 것으로 목표를 높였던 것처럼 말이다). 그 시점이면 이미 튼튼한 습관 기반을 세웠을 뿐 아니라 의지력도 높인 상태이므로 더 큰 목표도 훨씬 쉽게 달성할 수 있다. 하지만 다시 한 번 경고하건대 작은 습관으로 이미 좋은 결과(초과 달성)를 얻고 있다면 굳이 서둘러 목표를 높일 필요가 없다.

초과 달성이 쉬워지기까지 60일이라는 시간이 필요할 수도 있다. 나의 경우 독서 습관이 그랬다(앞서 이야기한 것처럼 57일이 되어서야 독서량이 크게 늘었다). 운동의 경우 처음 팔굽혀펴기 한 번으로 시작해서 약 6개월 동안은 하루 한 번에서 스무 번을 했다. 가끔 헬스클럽에 가서 운동을 하기도 했지만 목표로 한 것은 그저 운동을 시작하는 것뿐이었다. 그러다가 6월 하순쯤 일주일에 세 번 헬스클럽에 가는 것으로 목표를 바꿨다. 물론 처음부터 그런 목표를 세울 수도 있었다. 하지만 하루에 팔굽혀펴기 한 번만 하는 것이 자기 기강과 운동하고자 하는 열의를 높여 이와 같은 도약을 더욱 쉽게 만들어 주었다고 믿는다.

작은 습관은 단순히 건전한 새 습관을 개발하는 방법을 가르쳐 주기 위한 것만은 아니다. 이것은 자기 조절을 위한 안내자의 역할도 겸한다. 이제 당신은 뇌가 어떻게 작용하는지, 동기와 의욕이 어떻게 실패하는지, 의지력을 어떻게 관리해야 오래가는지 알았을 것이다. 뭔가 실천하고 싶은 상황이 있다면 언제든 이런 기법을 이용해 보자. 작은 습관에 능숙해질수록 삶의 다른 부분에서도 더 많은 성공을 거둘 것이다.

이것이 이 책의 마지막이다. 지금까지 즐거웠기를 바란다. 지금 이 순간이 앞으로 당신이 거쳐 갈 매우 흥미로운 여정의 시작이 되길 기원한다. 그리고 마지막으로 당신에게 작은 성공이 계속해서 꼬리에 꼬리를 물고 일어나길 빈다.

스티븐 기즈

1. Nordgren, L. F., F. van Harreveld, & J. van der Pligt. *The Restraint Bias: How the Illusion of Self-Restraint Promotes Impulsive Behavior.* Psychological Science (December 2009). v 20, no. 12, 1523-1528. http://pss.sagepub.com/content/20/12/1523.

2. University of Scranton, Journal of Clinical Psychology (2012). http://www.statisticbrain.com/new-years-resolution-statistics/.

3. Neal, D. T., Wood, W., & Quinn, J. M. *Habits: A repeat performance.* Current Directions in Psychological Science (2006). v 15, 198-202. http://web.archive.org/web/20120417115147/http://dornsife.usc.edu/wendywood/research/documents/Neal.Wood.Quinn.2006.pdf.

4. Quinn, J. M., A. T. Pascoe, W. Wood, & D. T. Neal. *Can't control yourself? Monitor those bad habits.* Personality and Social Psychology Bulletin (2010). v 36, 499-511.

5. Szalavitz, M. Stress Can Boost Good Habits Too. Time Magazine Online (May 27, 2013). http://healthland.time.com/2013/05/27/stress-can-lead-to-good-habits-too/.

6. Lally, P., C. H. M. van Jaarsveld, H. W. W. Potts, & J. Wardle. *How are habits formed: Modelling habit formation in the real world.* Eur. J. Soc. Psychol.(2010). v 40, 998-1009. doi: 10.1002/ejsp.674.

7. Lhermitte F., B. Pillon, & M. Serdaru. *Human autonomy and the frontal lobes. Part I: Imitation and utilization behavior: a neuropsychological study of 75 patients.* Ann Neurol (1986). v 19, 326-334. http://pacherie.free.fr/COURS/MSC/Lhermitte-AnNeuro-1986a.pdf.

8. 같은 자료, 328.

9. 같은 자료, 328.

10. 같은 자료, 328.

11. Seger, C. A., B. J. Spiering. *A Critical Review of Habit Learning and the Basal Ganglia.* Frontiers in Systems Neuroscience (2011). v 5, 66. http://www.ncbi.nlm.nih.gov/ pmc/articles/PMC3163829/#!po=15.2174.

12. Knowlton, B J, J. A Mangels, and L. R. Squire. *A Neostriatal Habit Learning System in Humans.* Science 273 (1996). n 5280, 1399.

13. Dean, J. *Making Habits, Breaking Habits: Why We Do Things, Why We Don't, and How to Make Any Change Stick.* Da Capo Press. Kindle Edition.(2013-01-01). p. 9.

14. Wood, W., J. M. Quinn, & D. A. Kashy. *Habits in everyday life: Thought, emotion, and action.* Journal of Personality and Social Psychology (Dec 2002). v 83(6), 1281-1297.

15. Dean, J. *Making Habits, Breaking Habits.* p. 10.

16. Muraven, M. & R. F. Baumeister. *Self-Regulation and Depletion of Limited Resources: Does Self-Control Resemble a Muscle?* Psychological Bulletin (2000). v 126, No. 2, 247-259. http://psyserv06.psy.sbg.ac.at:5916/fetch/PDF/10978569.pdf.

17. Oaten, M. & K. Cheng. *Longitudinal gains in self-regulation from regular physical exercise.* Br J Health Psychol (Nov 2006). v 11(Pt 4), 717-33. http://www.ncbi.nlm. nih.gov/pubmed/17032494.

18. Baumeister, R. F., E. Bratslavsky, M. Muraven, & D. M. Tice. *Ego Depletion: Is the Active Self a Limited Resource?* Journal of Personality and Social Psychology (1998). v 74, No. 5, 1252-1265.

19. Vohs, K. D., R. F. Baumeister, J. M. Twenge, B. J. Schmeichel, & D. M. Tice. *Decision Fatigue Exhausts Self-Regulatory Resources.* http://www.chicagobooth.edu/ research/workshops/marketing/archive/WorkshopPapers/vohs.pdf.

20. Hagger, M. S., C. Wood, C. Stiff, & N. L. Chatzisarantis. *Ego depletion and the strength model of self-control: a meta-analysis.* Psychol Bull (Jul 2010). v 136(4), 495-525. http://www.ncbi.nlm.nih.gov/pubmed/20565167.

21. Job, V., C. S. Dweck, & G. M. Walton. *Ego depletion--is it all in your head? implicit theories about willpower affect self-regulation.* Psychol Sci (Nov 2010). v 21(11), 1686-93. http://www.ncbi.nlm.nih.gov/pubmed/20876879.

22. Berger, C. C. & H Ehrsson. *Mental imagery changes multisensory perception.* Current Biology (June 27, 2013). v 23(14), 1367-1372. http://ki.se/ki/jsp/polopoly.jsp?d=130 &a=165632&l=en&newsdep=130.

23. Hagger, M. S., C. Wood, C. Stiff, & N. L. Chatzisarantis. *Ego depletion and the strength model of self-control: a meta-analysis.* Psychol Bull (Jul 2010). v 136(4), p. 2. http:// www.psychology.nottingham.ac.uk/staff/msh/pdfs/mshagger_ego_depletion.pdf.

24. Webb, T. L. & P. Sheeran. *Does Changing Behavioral Intentions Engender Behavior Change? A Meta-analysis of the Experimental Evidence.* Psychological Bulletin (2006). v 132, no. 2, 249-268.

25. Oman, R. F. & A. C. King. *Predicting the adoption and maintenance of exercise participation using self-efficacy and previous exercise participation rates.* Am J Health Promot (Jan-Feb 1998). v 12(3), 154-61. http://www.ncbi.nlm.nih.gov/ pubmed/10176088.

26. Fletcher, J. S., J. L. Banasik. *Exercise self-efficacy.* Clin Excell Nurse Pract (May 2001). v 5(3), 134-43. http://www.ncbi.nlm.nih.gov/pubmed/11381353.

27. Bandura, A. *Self-efficacy: Toward a Unifying Theory of Behavioral Change.* Psychological Review (1977). v 84, No. 2, p. 194.

28. *Majority of Employees Don't Find Job Satisfying.* Right Management (May 17, 2012). http://www.right.com/news-and-events/press-releases/2012-press-releases/ item23352.aspx.

29. Cabrita, J. & H. Perista. *Measuring job satisfaction in surveys - Comparative analytical report.* European Working Conditions Observatory (2006). http://www.eurofound. europa.eu/ewco/reports/TN0608TR01/TN0608TR01_8.htm.

30. Laran, J. & C. Janiszewski. *Work or Fun? How Task Construal and Completion Influence Regulatory Behavior.* The Journal of Consumer Research (April 2011). v 37, No. 6 , 967-983.

31. 같은 자료, 968.

32. Labroo, A. A. & V. M. Patrick. *Why Happiness Helps You See the Big Picture.* Journal of Consumer Research (2008).

33. Fishbach, A. & R. Dhar. *Goals as Excuses or Guides: The Liberating Effect of Perceived Goal Progress on Choice.* Journal of Consumer Research (2005). v 32, 370-77. http://www.psychologytoday.com/blog/the-science-willpower/201112/the-problem-progress-why-succeeding-your-goals-can-sabotage-your-w.

34. Lally et al., *How Are Habits Formed.*

35. Vohs et al., *Decision Fatigue*, p. 7-8.

36. Danziger, S., J. Levav, & L. Avnaim-Pesso. *Extraneous factors in judicial decisions.* PNAS (2011). v 108, no. 17, 6889-6892. http://www.pnas.org/content/108/17/6889.full.pdf.

37. Scheve, T. *Is there a link between exercise and happiness?* How Stuff Works. p. 3. http://science.howstuffworks.com/life/exercise-happiness2.htm.

38. Quoidbach, J., E. V. Berry, M. Hansenne, & M. Mikolajczak. *Positive emotion regulation and well-being: Comparing the impact of eight savoring and dampening strategies.* Personality and Individual Differences (October 2010). v 49(5), 368-373. http://www.sciencedirect.com/science/article/pii/S0191886910001820.

39. Markman, A. *Is Willpower Energy Or Motivation?* Psychology Today (2012). http://www.psychologytoday.com/blog/ulterior-motives/201211/is-willpower-energy-or-motivation.

40. Haggar et al., *Ego Depletion.*

41. Labroo, A. A. & V. M. Patrick. *Why Happiness Helps You See the Big Picture.*

42. 같은 자료.

43. Briñol, P., M. Gascó, R. E. Petty, & J. Horcajo. *Treating Thoughts as Material Objects Can Increase or Decrease Their Impact on Evaluation.* Psychological Science (January 2013). v 24, no. 1, 41-47. http://pss.sagepub.com/content/24/1/41.

44. Isaac, B. *Jerry Seinfeld's Productivity Secret.* Lifehacker (2007). http://lifehacker.com/281626/jerry-seinfelds-productivity-secret.

45. Sivers, D. *How to start a movement.* (video) TED Talk (2010). http://www.ted.com/talks/derek_sivers_how_to_start_a_movement.html.

46. Paulas, R. *Quitting Smoking Is Easy When It's Easy.* Outside Magazine Online (2012). http://www.outsideonline.com/fitness/wellness/Quitting-Smoking-Is-Easy-When-Its-Easy.html.

MINI HABITS